Esta coleção da revista Jacobin traz reflexões e indagações críticas sobre política, economia e cultura sob uma perspectiva socialista, como guia para uma prática política radical. Os livros oferecem uma análise engajada com a história e com as ideias da esquerda de um modo mais acessível.

Esta coleção é uma parceria entre a editora Autonomia Literária, Verso Books e a revista Jacobin, publicada no Brasil semestralmente em formato impresso e digital.

Dados Internacionais de Catalogação na Publicação (CIP)
(eDOC BRASIL, Belo Horizonte/MG)

P712 Um planeta a conquistar: a urgência de um Green New Deal / Kate Aronoff... [et al.]; prefácio Raquel Rolnik. – São Paulo, SP: Autonomia, 2020.
13 x 19 cm

Título original: A Planet to Win: Why We Need a Green New Deal
ISBN 978-65-87233-25-3

1. Energia limpa – Política governamental. 2. Desenvolvimento sustentável. 3. Política energética – Aspectos ambientais. I. Aronoff, Kate. II. Battistoni, Alyssa. III. Cohen, Daniel Aldana. IV. Riofrancos, Thea.

CDD 363.700973

Elaborado por Maurício Amormino Júnior – CRB6/2422

Kate Aronoff, Alyssa Battistoni,

Daniel Aldana Cohen e Thea Riofrancos.

Um planeta a conquistar
a urgência do Green New Deal

Traduzido por Aline Scátola

2021

Autonomia Literária

AUTONOMIA LITERÁRIA

Este livro foi publicado originalmente sob o nome de *A Planet to Win: Why We Need a Green New Deal*, pela Verso Books.

Coordenação Editorial
Cauê Seigner Ameni, Hugo Albuquerque, Manuela Beloni

Tradução
Aline Scátola

Edição de texto e notas
Hugo Albuquerque

Revisão e preparação
Lígia Magalhães Marinho

Diagramação
Manuela Beloni

Capa
Rodrigo Corrêa/@sobinfluencia

Sumário

Apresentação à edição brasileira

Por *Raquel Rolnik*[1]

O livro *Um planeta a conquistar* é um grito de esperança. Escrito no âmbito de um movimento social, trata-se de uma proposta pragmática e otimista de reconstrução das formas de produção e consumo nos Estados Unidos, o Green New Deal.[2]

---

1 Raquel Rolnik (São Paulo, 1956) é arquiteta e urbanista, professora livre-docente da Faculdade de Arquitetura e Urbanismo da Universidade de São Paulo (FAU-USP). É autora dos livros *Guerra dos lugares: a colonização da terra e da moradia na era das finanças* (2015), *O que é cidade* (2004), *São Paulo* – Coleção Folha Explica (2001), *A cidade e a lei* – legislação, política urbana e territórios na cidade de São Paulo (1997).

2 Nota de Edição: O Green New Deal, também chamado no Brasil de New Deal Verde, é uma proposta obviamente inspirada no New Deal dos anos 1930, qual seja, o conjunto de medidas econômicas desenvolvimentistas adotadas para tirar os Estados Unidos da Grande Depressão – até hoje, a maior crise econômica e social vivida por aquele país, ocorrida na esteira da quebra da Bolsa de Nova York em 1929. A ideia de Green New Deal não está centrada em produzir com menos danos ao meio ambiente, mas em trazer para o interior da produção, na forma de medidas de

Bebendo nas fontes de tradições progressistas norte-americanas, a proposta articula o enfrentamento da catástrofe ambiental iminente, a catástrofe da concentração de renda e do racismo estrutural, imaginando um futuro de prazer e bem-estar.

Em outubro de 2018, o Painel Intergovernamental sobre Mudanças Climáticas publicou um relatório alertando o mundo de que, sem reduções dramáticas nas emissões de carbono até 2030, o aquecimento global seria inevitável. Em novembro de 2018, uma jovem democrata socialista de Nova York, Alexandria Ocasio-Cortez, foi eleita para o congresso norte-americano, com um programa que incluía, entre outros temas, a reconstrução do país através de um Green New Deal. Uma semana depois, ativistas do Sunrise Movement,[3] um agrupamento pela justiça ambiental que tem ganhado cada vez mais

alavancagem econômica mediante investimentos em intervenções de proteção ambiental e em construção de tecnologias voltadas ao mesmo fim, vistas em conjunto com o desenvolvimento social. O termo "Green New Deal" foi suscitado em 2007 pelo jornalista Thomas Friedman e depois aparece no Reino Unido, em 2008, com o Green New Deal Group, sendo mais tarde adotado pelo Programa das Nações Unidas para o Meio Ambiente (Pnuma), fato que o notabilizou. O conceito ganhou uma dimensão política ainda maior com a famosa Resolução n. 109, do 116º Congresso (Legislatura) dos Estados Unidos da América, apresentada pelo senador Ed Markey e pela deputada Alexandria Ocasio-Cortez, ambos do Partido Democrata.

3 N. de E.: Movimento Nascer do Sol, trata-se de um movimento de jovens ambientalistas surgido a partir de 2013 nos Estados Unidos e que terminou por encampar a pauta do Green New Deal.

adeptos entre os jovens norte-americanos, ocupou o gabinete da presidente do congresso clamando por uma ação imediata no país para o enfrentamento do aquecimento global. Desde então a expressão Green New Deal tem circulado nos meios técnicos e políticos norte-americanos, tendo sido incorporada pelo movimento social que se estruturou em torno da candidatura de Bernie Sanders, mas também ecoando entre socialistas trabalhistas de Jeremy Corbyn, na Inglaterra, e em outros lugares do mundo.

Este livro explicita essa agenda, com propostas concretas para reverter a economia baseada na exploração de combustíveis fósseis. Mas, mais do que isso, mostra como não é possível combater a destruição da vida no planeta sem uma mudança profunda que enfrente não apenas a dimensão ecológico-ambiental, mas também a desigualdade social e racial. O texto mostra que, assim como essas dimensões são indissociáveis na construção de um modelo tóxico de economia, sociedade e política, capitaneado por complexos financeiros políticos culturais que entremeiam corporações e governos, religiões e máquinas midiáticas, sua superação também deverá ser multidimensional.

O livro propõe não apenas a transição para o uso de energia renovável, mas também, retomando a experiência de intervenção pública e grande mobilização social vivida nos Estados Unidos para superar a crise de 1929, aposta na produção massiva de habitação social de baixo carbono, na expansão de uma rede de transporte público sobre trilhos eficiente e gratuito e outros investimentos em infraestrutura e serviços de cuidado e proteção da vida para gerar empregos. Talvez aqui resida um dos pontos que suscitam dúvidas na leitura da proposta: o manifesto aposta numa máquina de crescimento, na expansão da produção, embora de bens de baixo carbono, mas não questiona se os limites da catástrofe socioambiental que estamos vivendo, e que a pandemia do coronavírus acabou por explicitar, não têm a ver justamente com a ideia – muito central para o capitalismo – de que o crescimento ilimitado e infinito da produção é a única relação possível com o mundo... Será que o que precisamos mesmo é construir milhões de casas para as necessidades de moradia digna dos habitantes, centenas de milhares de quilômetros de infraestrutura para podermos ter água potável e respirar?

Enfim, entendemos este manifesto como uma declaração pragmática para uma transição na direção de um outro mundo possível. Aliás, é exatamente assim que se colocam seus autores. Uma mudança necessária e possível de ser realizada já.

Prefácio

Por *Naomi Klein*[4]

"Seguir em frente é o único caminho possível. Mas para que lado está a frente?"
Roland Wank, arquiteto-chefe da Tennessee Valley Authority,[5] 1941

[4] Naomi Klein (Montreal, Canadá, 1970) é escritora, cineasta e ativista canadense, conhecida pelas suas análises sobre o processo de globalização e o neoliberalismo, enfatizando seus aspectos autoritários e fazendo o resgate do seu nascimento no Chile, com o golpe militar capitaneado pelo general Augusto Pinochet; é autora do clássico *A doutrina do choque: a ascensão do capitalismo de desastre* de 2007, publicado no Brasil no ano seguinte, e que ganhou uma versão em documentário.

[5] N. de E.: a TVA é mais uma agência federal criada no New Deal e existe até hoje. Seu objetivo era gerar inúmeras medidas econômicas no vale do Rio Tennessee, uma das regiões mais pobres e mais afetadas pela Grande Depressão, que iam desde construção de usinas, infraestrutura de transporte, eletricidade e telecomunicações, passando pela modernização da agricultura local. Embora o nome se refira ao rio que corta e nomeia o estado do Tennessee, o vale engloba também partes dos estados do Kentucky, Virgínia, Carolina do Norte, Carolina do Sul, Geórgia, Alabama e Mississippi.

O Green New Deal despontou no cenário político quando a organização do movimento realizou um protesto pacífico no gabinete da presidenta da Câmara dos Deputados dos Estados Unidos, Nancy Pelosi (do Partido Democrata da Califórnia), no fim de 2018. A congressista fez pouco caso da ideia, referindo-se a ela como um "Sonho verde ou qualquer coisa assim", mas seus organizadores e organizadoras não se deixaram abalar. Replicaram que o Green New Deal era, de fato, um sonho, mas extremamente necessário e mostrava o que pessoas organizadas e focadas são capazes de conquistar diante de uma crise que ameaça a condição de habitabilidade do nosso lar. Considerando a urgência e a radicalidade com que nossas sociedades precisam mudar se quisermos evitar uma catástrofe climática total (e dado o domínio do pessimismo e do desespero ecológico), compartilhar grandes sonhos sobre um futuro em que não tenhamos caído na barbárie climática parecia um bom começo.

A interação entre sonhos grandiosos e vitórias mundanas sempre esteve na essência dos momentos de profunda transformação progressista. Nos Estados Unidos, as grandes conquistas das famílias trabalhadoras depois da Guerra Civil e durante a Grande Depressão, assim como os avanços da luta por direitos civis e pela defesa do meio ambiente nos anos 1960 e início dos anos 1970, não foram apenas respostas para crises, exigidas pela base, foram também produto de sonhos de tipos muito diferentes de sociedades, sonhos invariavelmente menosprezados e considerados impossíveis e impraticáveis na época.

O que diferencia esses momentos não é a presença da crise (coisa que nunca faltou na nossa história), mas sim o fato de que foram tempos de ruptura, quando a imaginação utópica rebentou. Tempos em que as pessoas ousaram ter sonhos imensos, em voz alta, em público, juntas. Por exemplo, os grevistas da Era de Ouro do fim do século 19, revoltados com as imensas fortunas acumuladas às custas de trabalhadores reprimidos, se inspiraram na Comuna de Paris, período em que o povo operário da capital francesa passou meses à frente do governo da cidade. O sonho ali era uma "comunidade cooperativa", um mundo onde o trabalho não fosse mais que apenas um elemento de uma vida equilibrada, com tempo suficiente para dedicar ao lazer, à família e às artes. No período que antecedeu a implantação do New Deal original, a organização da classe trabalhadora dos Estados Unidos tinha domínio não só das ideias de Marx, mas também de W.E.B Du Bois,[6] que

[6] N. de E.: William Edward Burghardt "W.E.B" Du Bois (Great Barrington, Massachusetts, Estados Unidos, 1868 – Acra, Gana, 1963) foi um sociólogo, historiador e militante socialista, sendo um dos maiores intelectuais americanos de todos os tempos. Primeiro negro a obter um título de doutorado acadêmico nos Estados Unidos, Du Bois foi um ativista incansável da questão racial e da causa negra, as quais compreendeu como poucos, e, graças à sua formação e intelecto invejáveis somados à sua experiência pessoal, legou ao mundo inúmeros livros e trabalhos científicos a respeito da estrutura, dinâmica e natureza desses temas. Ele morreu pouco antes da promulgação da Lei dos Direitos Civis nos Estados Unidos, mas já ali, residia no Gana, no continente africano, o que estava conectado à sua visão pan-africanista, que

defendia um movimento trabalhista e pan-africanista capaz de unir o povo oprimido para transformar um sistema econômico injusto. Foi o sonho transcendente do movimento pelos direitos civis nos Estados Unidos – seja articulado na oratória de Martin Luther King Jr., seja na visão do Comitê Coordenador Estudantil Não Violento – que criou espaço e inspirou as mobilizações de base que, por sua vez, levaram a conquistas palpáveis. Um fervor utópico semelhante no final dos anos 1960 e início dos anos 1970, surgido a partir da revolta da contracultura, quando a juventude questionou basicamente tudo, preparou o terreno para os avanços da luta feminista, lésbica, gay e ambiental.

Quando o fiasco financeiro de 2008 se desenrolou, aquela imaginação utópica já tinha, em grande parte, atrofiado. Uma imensa indignação moral eclodiu contra os bancos e os planos de resgate econômico e de austeridade que seguramente viriam salvá-los. Mas, apesar da revolta que tomou as ruas e praças, as gerações que tinham crescido sob o domínio firme do neoliberalismo se viram com dificuldade de imaginar alguma coisa, qualquer coisa, diferente daquilo que lhes era familiar. A ficção científica também não tinha ajudado muito. Quase toda visão de futuro que encontramos nos romances mais vendidos e nas grandes produções hollywoodianas dá como certo algum tipo de apocalipse social e ecológico. É quase como se muitos de nós tivéssemos, coletivamente, deixado de acreditar

---

se harmonizava plenamente com sua opção pelo socialismo e a crítica permanente ao capitalismo como, inclusive, causa crônica do racismo, dentre outras tantas formas de opressão.

na existência de um futuro – que dirá vislumbrar um amanhã que pudesse ser, de muitas formas, melhor que o presente.

O movimento de luta contra as mudanças climáticas passou décadas sofrendo dessa asfixia imaginativa. O movimento ambientalista hegemônico conseguiu descrever muito bem a ameaça que enfrentamos com detalhes angustiantes. Mas quando chega a hora de falar a verdade sobre a profundidade da mudança sistêmica necessária para evitar as piores consequências, há muito tempo o que se vê é uma imensa incongruência. Passamos uma década ouvindo que deveríamos trocar nossas lâmpadas. Plantar uma árvore ao viajar. Deixar a luz apagada uma hora por ano. A parte mais importante da história sempre foi a mesma: mostrar às pessoas como elas podem mudar sem mudar praticamente nada.

Como esmiuçado neste livro urgente e estimulante, aquela era da pseudomudança definitivamente acabou. Ainda falta muito para o Green New Deal constituir um plano de fato para chegar a zerar as emissões de carbono e, ao mesmo tempo, combater a desigualdade econômica desenfreada e as exclusões institucionais de gênero e raça. Mas ele começa com aquelas metas e apresenta um bom punhado de ideias grandiosas e ousadas para começarmos o planejamento, a organização e a elaboração de sonhos nas comunidades onde moramos e nos espaços onde trabalhamos. Muitos comentaristas já declararam, é claro, que nada disso é possível. É muita ambição. Coisa demais. Tarde demais. Mas essa atitude ignora o fato crucial de que nada disso começou em 2018. As bases para este momento já estão sendo preparadas há décadas, longe das manchetes, com modelos de energia renovável de propriedade e controle comunitário e transições justas que garantem não deixar nenhum trabalhador ou trabalhadora para trás. Com uma análise mais aprofundada das intersecções entre racismo institucional, conflito armado e perturbação climática. Com o aperfeiçoamento da tecnologia verde e avanços na oferta de transporte público limpo. Com o movimento florescente de desinvestimento em combustíveis fósseis e o marco legal proposto pelo movimento por justiça climática, que mostra como a cobrança de um imposto sobre o carbono pode ajudar a combater a exclusão racial e de gênero. E muitos outros esforços. A única coisa que faltava era o poder político nos altos escalões para colocar o melhor de todos esses modelos em prática de uma vez, com o foco e a agilidade exigidos pela ciência e pela justiça. Como detalhado nas páginas a seguir, o New Deal original estava cheio de falhas e exclusões. Mas o programa continua sendo uma referência útil para demonstrar como cada setor da vida, da silvicultura à educação, das artes à moradia e à eletrificação, pode ser transformado a partir da ideia de uma missão única e ampla para guiar toda a sociedade. E, ao contrário de tentativas anteriores de implementar leis de combate às mudanças climáticas, o Green New Deal tem a capacidade de mobilizar um movimento de massas interseccional de fato – não apesar de sua imensa ambição, mas exatamente por causa dela. Enquanto a indústria dos combustíveis fósseis reforça seus ataques, o centro "sério" vai elaborar contramedidas limitadas para preservar somente as políticas que combatem as mudanças climáticas em sua definição mais estrita. A promessa de um Green New Deal radical descrita neste livro se baseia em rejeitar as duas coisas, exercendo pressão não apenas para promover as "mudanças rápidas, abrangentes e inéditas em todos os aspectos da sociedade" que o Painel Intergovernamental sobre Mudanças Climáticas[7] encoraja, mas para tratar a crise climática como uma oportunidade de construir um mundo que seja mais justo, pacato e democrático em sua totalidade. Temos muito trabalho pela frente. O que nos sustentará nos anos difíceis que virão é o sonho de um futuro que não só será melhor que o colapso ecológico, como será muito melhor do que a maneira bárbara que nosso sistema trata as formas de vida humana e não humana na atualidade.

---

[7] N. de E.: o Painel Intergovernamental sobre Mudanças Climáticas, mais conhecido pelo acrônimo IPCC, é uma organização científico-política criada em 1988, com sede em Genebra, na Suíça, no âmbito da Organização das Nações Unidas (ONU), por iniciativa do Programa das Nações Unidas para o Meio Ambiente e da Organização Meteorológica Mundial.

Introdução
Clima ruim, boa política

Agarrando o futuro

As ruas de Nova Orleans estão tomadas de água salgada e sujeira. Miçangas das fantasias de Carnaval tiradas para fora de bueiros entupidos salpicam a lama como se fossem espuma brilhante de sabão. Um furacão na Categoria 4 – batizado oficialmente de Maggie, mas conhecido informalmente como Katrina 2 – estraçalhou as defesas da cidade.

Na CNN, o presidente aparece com ar lúgubre, mas satisfeito. "Previmos o desastre e estávamos preparados. Mas podemos melhorar." Um Plano de Proteção Costeira ajudou a aplacar o estrago: a restauração de áreas úmidas, bem como a implantação de concreto poroso, garantiu o desvio e a absorção de grande parte da água da inundação em Nova Orleans. Mas a violência da tempestade foi avassaladora. Uma operação de evacuação bem planejada salvou centenas de milhares de vidas. Ônibus elétricos transportaram moradores bem alimentados e hidratados da cidade para retiros temporários. O número de mortes chegou a sessenta e cinco: algumas pessoas simplesmente se recusaram a deixar suas casas.

Dois dias depois que água baixou, moradores corajosos e equipes de resgate sindicalizadas – muitas contratadas por meio de programas de garantia de emprego – já estão consertando estradas, edifícios e linhas de transmissão. Vans de resgate enviam baterias de ônibus reutilizadas para abrigos de emergência, para dar suporte a microrredes de contingência que foram danificadas, enquanto o sistema de distribuição de energia maior é consertado. O governo chinês enviou uma pequena equipe de defesa civil com um sistema inovador de restauração da rede elétrica. Equipes de conservação também vieram de vários lugares dos Estados Unidos, treinadas em resposta a desastres e acostumadas a viajar de um ponto de crise climática a outro.

O desastre provocou revolta nacional. Na Bacia do Rio Powder, no estado de Wyoming, ativistas se acorrentaram a escavadeiras na última mina de carvão do país. Organizações que lutam por justiça climática estão denunciando a lentidão nos investimentos para tornar comunidades negras e indígenas mais resilientes. Em cidades de todo o país, professores e professoras militantes se uniram a estudantes em uma nova rodada de greves motivadas pelas mudanças climáticas, com a indignação de que o setor de energia dos Estados Unidos não está fazendo o necessário para zerar as emissões líquidas de carbono até 2036. O ano é 2027, e o número de painéis de energia solar e de turbinas eólicas não está aumentando no ritmo necessário. Os manifestantes querem mais esforços para atingir a meta de zero emissões de carbono até 2030 definida nos inebriantes primeiros 100 dias do Green New Deal, implantado em meados de 2021. As pesquisas de opinião indicam que a maioria da população concorda com o protesto.

Pensando no futuro, comunidades litorâneas, assoladas por secas e devastadas por incêndios em todo o país estão tendo que enfrentar debates difíceis. Seria hora de se retirar? O que seria necessário para permanecer? A população dos Estados Unidos está percebendo que uma migração em larga escala motivada por eventos climáticos é uma realidade tanto internacional quanto nacional. Hoje, todo mundo já reconhece aquilo que o movimento de combate às mudanças climáticas repete há anos. No século XXI, toda ação política é política climática.

Se o cenário acima desnorteia, é porque raramente encontramos narrativas sobre eventos climáticos que conseguem combinar realismo científico com transformação política e tecnológica positiva. Ao contrário, a maioria das histórias se concentra em apenas uma tendência: nas projeções sombrias da ciência climática, nas notícias animadas de tecnologias promissoras ou nas celebrações de um ativismo destemido. Mas o mundo real vai ser uma mistura confusa das três coisas. Vão acontecer desastres provocados pelas mudanças climáticas, mas nós temos condições de resistir às tempestades que virão pela frente e evitar outras piores. Atingir ou não o cenário relativamente positivo descrito acima será uma questão política, de luta material e ideias ousadas. Se acertarmos, conseguiremos resistir aos desastres que já não podem mais ser evitados e prevenir outros piores, melhorando, ao mesmo tempo, as condições de vida da maioria da população. Chamamos nossa visão de Green New Deal radical para assinalar como a mudança que precisamos é ampla e profunda.

O Painel Intergovernamental sobre Mudanças Climáticas nos indica que precisamos cortar as emissões globais de carbono basicamente pela metade até 2030 para termos uma chance razoável de manter o aquecimento do planeta abaixo de 1,5° Celsius. Esse é o limite que cientistas e ativistas concordam que deveria ser a meta para se evitar uma catástrofe. Talvez atingir esse objetivo seja possível. Temos total condição de manter o aquecimento global em 2° Celsius,nível máximo que o mundo definiu no Acordo de Paris em 2016, apesar de não estarmos, no momento, evoluindo bem para atingir esse marco. Para reduzir as emissões globais pela metade, considerando que bilhões de pessoas vivem em países muito mais pobres que os Estados Unidos e algumas economias terão processos de descarbonização mais lentos, os Estados Unidos precisam zerar suas emissões o mais rápido que for humanamente possível. Não sabemos exatamente quando o colapso climático acontecerá – em que velocidade os recifes de corais vão morrer, as geleiras, derreter, o nível dos mares, aumentar e as tempestades, ficarem mais fortes. O que sabemos é que quanto menor o aquecimento, melhor. Quanto mais rápido agirmos, melhor.

Além disso, a poluição por carbono é apenas o indicador mais urgente de uma crise ecológica mais ampla: extinção em massa, poluição da água doce, contaminação generalizada por produtos plásticos, exaustão sistêmica dos solos, cataclismo de insetos, colapso de ecossistemas. A lista segue. Tudo isso ameaça a vitalidade dos seres vivos ao nosso redor e das incontáveis vidas humanas no mundo.

Mas apesar da autoaversão erudita encontrada em grande da imprensa de viés mais progressista quando o assunto são mudanças climáticas, o inimigo não somos nós. O ser humano não carrega a mácula do pecado original. Aliás, maçã é uma fruta nutritiva e produzida com baixa emissão de carbono, então pode comer mais uma. E também não estamos fadados à autodestruição. Somos seres criativos e complicados, e estamos presos em um sistema econômico capitalista em que um número ínfimo de pessoas direciona grandes investimentos para o aumento dos próprios lucros, e são essas pessoas que definem a ação de governos para garantir que isso aconteça. Esse sistema externaliza os custos para comunidades e ecossistemas e prioriza a aposentadoria dourada de CEOs em detrimento da habitabilidade de longo prazo do planeta e das vidas que aqui estão.

Ao fim e ao cabo, o capitalismo é incompatível com a sustentabilidade do meio ambiente. Dito isso, temos pouco mais de uma década para reduzir as emissões globais de carbono pela metade. Não imaginamos que o fim do capitalismo possa acontecer em um período de tempo tão curto assim. De todo modo, não é preciso concordar com nossa análise geral para interpretar a produção científica sobre mudanças climáticas da mesma forma que nós: precisamos de uma mudança drástica já. Como argumentaremos ao longo deste livro, a forma mais efetiva de reduzir emissões e dar conta dos impactos das mudanças climáticas na próxima década será pela implementação de políticas igualitárias que priorizem objetivos públicos em detrimento de lucros corporativos e canalizem investimentos para comunidades pobres, racializadas e da classe trabalhadora. As pessoas que hoje defendem um Green New Deal nos lembram que, nos Estados Unidos dos anos 1930 e início dos anos 1940, durante a implantação do New Deal e da subsequente mobilização para a guerra, o governo federal colocou milhões de pessoas para trabalhar em projetos que promoviam benefícios sociais, direcionando investimento para obras públicas e para a construção de armamento em uma velocidade espantosa. A ideia não é repetir o passado, mas lembrar o que uma ação pública articulada pode alcançar.

Sabemos que a escala e o ritmo de transformação que propomos pode parecer descomunal. Talvez medidas mais graduais tivessem dado certo se tivéssemos começado décadas atrás. Mas não foi o que aconteceu. Quando a produção científica sobre mudanças climáticas começou a ganhar visibilidade na mídia no final dos anos 1980, o fundamentalismo do mercado já tinha dominado a política hegemônica. Os resultados disso são deprimentes. Nas últimas quatro décadas, os ricos ficaram mais ricos, os salários estagnaram, o custo de vida subiu e a população carcerária disparou. Metade do país está mais pobre hoje do que em 1980, e 90% da população dos Estados Unidos está mais pobre hoje do que antes da crise financeira de 2008.[8] Enquanto isso, as emissões de carbono não pararam de aumentar, e a extração de combustíveis fósseis nos Estados Unidos passou por uma era de ouro. No nível global, mais da metade da poluição atmosférica produzida até hoje veio de emissões que ocorreram depois de 1988. "Fim da história" já era.

Estamos assistindo hoje a um desmoronamento profundo da vida americana, e que é ainda mais intenso para jovens e

---

[8] Facundo Alvaredo et al., *World Inequality Report 2018*, disponível em: wir2018.wid.world; Lisa Dettling et al., "A Wealthless Recovery? Asset Ownership and the Uneven Recovery from the Great Recession", FEDS Notes, disponível em: federalreserve.gov.

pessoas não brancas. Isso é visível no aumento das dívidas com financiamento estudantil, nas pessoas levadas à falência para pagar tratamentos médicos e em uma crise habitacional contínua marcada por despejos, execuções de hipotecas e cortes no fornecimento de energia, água e gás e outros serviços. E, ainda por cima, acontecem os desastres associados ao clima. Em 2017, o Furacão Harvey deixou Houston debaixo d'água. Depois, o Furacão Maria devastou Porto Rico, matando 2.975 pessoas. Em 2018, o incêndio mais letal da história da Califórnia avançou pela região florestal do norte do estado, matando 85 pessoas e destruindo milhares de casas – apenas um mês após o Painel Intergovernamental sobre Mudanças Climáticas alertar que os efeitos das mudanças climáticas seriam piores que o esperado. Tempestades, secas e ondas de calor muito mais letais arrasaram comunidades em todo o Sul Global. A crise climática está entrelaçada, de forma objetiva e cotidiana, com uma crise mais ampla do capitalismo. A estratégia gradualista não vai dar conta disso.

Uma mudança radical só acontece quando milhões de pessoas se organizam, fazem greves e marcham, dando forma à política e a economia a partir da base. Para enfrentar a crise climática, sindicatos, movimentos sociais, populações indígenas, grupos que lutam por justiça racial e outras articulações precisarão agir para tomar de volta o poder público das elites responsáveis pelo estado de emergência climática. É por isso que o Green New Deal precisa combinar uma ação de combate às mudanças climáticas com ataques contra as desigualdades sociais. Só assim conseguiremos construir um apoio público e uma articulação de base grande o suficiente para romper com o domínio do *status quo* e dar motivos para a população continuar lutando e exigindo mais. Quem vai sair às ruas para marchar por uma austeridade ambiental? Com todas as suas falhas, o New Deal original se destacou pela criação de um ciclo de respostas positivas entre o gasto público em bens coletivos e uma mobilização de massa, conseguindo, assim, superar uma hostilidade antissocialista encontrada no empresariado e nas elites políticas. Da mesma forma, um Green New Deal precisaria fazer com que uma ação de combate às mudanças climáticas fosse visceralmente benéfica, transformando vitórias em ferramentas de organização para construir uma mobilização política ainda maior e uma libertação contínua. Se bem feitos, os investimentos nessas ações podem facilitar a construção de uma liberdade real, do tipo que só é possível se houver segurança econômica para todos e todas.

Enquanto, em geral, as narrativas sobre a questão climática olham para décadas à frente no futuro, o foco deste breve livro é mais curto: os cruciais anos 2020. Não conseguimos tratar de todos os assuntos – sistemas alimentares e migração, por exemplo, são duas grandes omissões. Neste espaço limitado, exploramos um punhado de campos de batalha centrais para o debate sobre o clima a partir de um novo olhar. Defendemos a redução da extração de combustíveis fósseis e das concessionárias de serviços públicos, para que as duas atividades fiquem sob controle público e democrático. Abordamos a questão do trabalho, aspecto que sempre representou um impasse para a ação ambiental, argumentando a favor de um compromisso com a criação de empregos verdes garantidos e defendendo uma transformação maior da atividade laboral. Relacionamos a produção de energia limpa com habitação, transporte e recreação, em defesa de uma garantia da moradia e uma expansão dramática das opções de lazer. E demonstramos como um Green New Deal radical nos Estados Unidos pode fortalecer compromissos com uma ação de combate às mudanças climáticas pautada pela ideia de igualdade em todo o mundo, começando com a solidariedade com as comunidades que estão na vanguarda da busca por fornecimento de energia renovável.

Sabemos que, neste mesmo período de tempo, a intransigência do Partido Republicano e dos mecanismos antidemocráticos arraigados, como o Senado e o colégio eleitoral, representam obstáculos reais. Na melhor das hipóteses, a nomeação, pelo Partido Democrata, de um presidenciável que apoie um investimento massivo no combate das mudanças climáticas se elegeria no final de 2020, e um grande projeto de lei para o Green New Deal poderia ser aprovado nos primeiros 100 dias do novo governo. Mas mesmo uma presidência progressista enfrentaria a hostilidade do judiciário, de parlamentares apoiados pelo empresariado, de grandes corporações e da máquina do próprio partido. É possível mudar esse cálculo político, não a partir de negociações com os poderosos em Washington, mas construindo e acumulando forças para além desses espaços, nas eleições e nas ruas. Somente a mobilização de massa será capaz de garantir a participação de eleitores e eleitoras desestimulados de todas as raças para alcançar uma maioria apertada para o Partido Democrata no Senado, de modo a impedir as táticas de obstrução ou conseguir a aprovação do orçamento por maioria simples. Somente a pressão das bases será capaz de obrigar juízes, agências reguladoras e políticos nos níveis federal e local a apoiar um Green New Deal.

As raízes deste livro estão nas leituras que fizemos da produção científica e das ciências sociais sobre as mudanças climáticas, em nossa pesquisa prática e nossas biografias pessoais e políticas. Coletivamente, passamos anos pesquisando, escrevendo e participando de organizações políticas e trabalhistas. Entre nós, dois dos autores são filhos de imigrantes latino-americanos. Inspirados pelos movimentos sociais da América Latina, moramos e trabalhamos em todo o continente, aprendendo com as conquistas e limitações da esquerda que chegou ao poder.

Chegamos à luta contra as mudanças climáticas por trajetórias distintas. Todos víamos a questão como uma ameaça grave ao desenvolvimento humano, uma denúncia clara contra nosso sistema político e econômico atual, e uma oportunidade de fazer as coisas de outro jeito. Em grande parte de nossas vidas, sentimos que as políticas climáticas pareciam presas em um ciclo de relatórios abstratos que nos diziam que a janela de oportunidade estava se fechando e o apocalipse estava à espreita. O Green New Deal é o plano mais ambicioso e instigante que já vimos na política hegemônica. Queremos ajudar a articular essa visão e trabalhar na elaboração de alguns detalhes.

Embora seja urgente agir nos Estados Unidos, só isso não é suficiente. O colapso do clima e o capitalismo são globais. Mas, como moradores dos Estados Unidos, é nesse sistema político que temos ao menos alguma capacidade de influência.

O país também está no olho do furacão, e ainda é o segundo maior emissor de carbono do mundo, atrás apenas da China. Em termos *per capita*, as emissões dos Estados Unidos chegam a mais que o dobro. E nosso histórico, em que somos responsáveis por mais de um quinto do total acumulado de emissões do planeta, sobrepuja o de qualquer outro país. Os Estados Unidos se colocam, há décadas, como o maior obstáculo para a ação de combate às mudanças climáticas e, hoje, estão mais preparados que qualquer outro país para aumentar a extração de combustíveis fósseis.[9] Um Green New Deal que dê uma guinada na política climática dos Estados Unidos seria transformador. Se os Estados Unidos se unissem (e estimulassem) a Europa e a China a priorizar investimentos verdes, mais da metade da economia global seria investida em ações de combate às mudanças climáticas. Nosso capítulo sobre as implicações globais do Green New Deal discute como movimentos nos Estados Unidos podem se conectar com lutas de trabalhadores, trabalhadoras e comunidades de outros lugares.

Um último aviso: este livro está cheio de sugestões do que se deve fazer e, por vezes, adota até um tom mais imperativo. Perdoe-nos pelo entusiasmo. Não queremos dar sermão, mas, sim, enriquecer o debate com argumentos claros sobre o que podemos alcançar. Esperamos que, na melhor das hipóteses, erraremos só um pouquinho na análise.

---

[9] Christopher Alessi, "US Expected to Produce Half of Global Oil and Gas Growth by 2025", *Wall Street Journal*, 12 de novembro de 2018.

A estrada para o Green New Deal

Podemos começar aprendendo com as falhas das últimas políticas climáticas. Muitos líderes democratas ainda defendem que devemos atribuir a culpa pela inação na inabalável negação do problema pelos republicanos, mas, ao mesmo tempo, argumentam que um compromisso bipartidário[10] representaria a melhor esperança para conseguir aprovar leis nesse sentido. Mas o histórico deles não inspira muita confiança.

Quando assumiu a presidência em 2009, em meio à maior crise financeira desde a Grande Depressão, Barack Obama tinha um poder fantástico para agir. Mas, nos primeiros meses de seu governo, Obama preferiu recuperar o sistema que tinha provocado a crise, em vez de mudá-lo. Sabemos que ele implantou um plano de resgate dos bancos em vez de nacionalizá-los, mesmo enquanto 9,3 milhões de famílias perdiam suas casas. Nesse contexto, a equipe do novo presidente também vetou a ideia de construir uma rede de energia limpa com recursos federais, com a justificativa de que o governo não deveria afugentar os atores privados do setor. Eles rejeitaram propostas de criação de bancos verdes federais que financia-

[10] N. de E.: a disputa clássica entre os dois grandes partidos dos Estados Unidos, o Democrata e o Republicano, que se alternam no poder desde meados do século XIX. Embora haja mais partidos nos Estados Unidos, graças a distorções variadas no sistema eleitoral e partidário, apenas os dois citados acabam disputando o poder institucional de fato, mesmo em escala local, apenas com pequenas exceções.

riam melhorias na infraestrutura de baixo consumo de energia, expansão da rede de energia limpa e instalação de linhas de transmissão de alta voltagem.[11] Em vez de adotar estratégias para garantir maioria no Senado e aprovar o orçamento de um pacote que fosse de fato progressista, Obama preferiu se articular com apenas um punhado de republicanos para conseguir apoio a um pacote de estímulo conciliatório: a Lei de Reinvestimento e Recuperação Americana de 2009 (Arra, na sigla em inglês). Quase um quarto do estímulo de US$ 820 bilhões veio de cortes de impostos.

De fato, o governo Obama injetou US$ 90 bilhões, pelo pacote de estímulo, em medidas voltadas para a promoção de energia renovável. Isso incluiu investimentos em pesquisa e desenvolvimento, expansão subsidiada da rede de energia solar e eólica e alocação de bilhões de dólares na instalação de linhas ferroviárias de alta velocidade (a maioria não chegou a ser construída). Graças à Fox News, a falência da empresa Solyndra, financiada pelo pacote de estímulo do governo, ganhou péssima reputação, enquanto poucos sabem que o mesmo estímulo garantiu à Tesla bilhões de dólares de dinheiro público. A nova lei foi realmente positiva para a produção de baterias e energia solar e eólica. Então os centristas defenderam o estímulo ambiental de Obama, com a justificativa de que foi melhor do que se reconhece. Mas o que esses defensores não consideram é que o presidente não tentou dar um caráter visceralmente popular aos investimentos, e não atrelou

[11] Reed Hundt, *A Crisis Wasted: Barack Obama's Defining Decision* (Rosetta Books 2019).

a política para a indústria da energia limpa a um programa transformador de criação de empregos públicos e recuperação do setor de habitação.

Pelo contrário, a equipe de Obama fez questão de evitar qualquer coisa que lembrasse socialismo. Na visão de assessores importantes como Larry Summers e Timothy Geithner, essa atitude impediu praticamente todas as grandes intervenções públicas na economia. Basta lembrar que, no final de 2008 e em 2009, o governo federal e o Tesouro dos Estados Unidos tinham injetado trilhões de dólares de dinheiro público no resgate do mercado financeiro e imobiliário do país, efetivamente colocando o governo no controle da situação. Obama optou por não usar esse poder para implementar políticas populistas de esquerda que teriam ajudado milhões de pessoas em dificuldade e, pelo contrário, alimentou um apetite por ações mais agressivas. Ele demitiu Van Jones, seu "czar dos empregos verdes", apenas alguns meses depois de assumir o cargo, para tranquilizar a mídia conservadora. Recusou-se a criar milhões de empregos diretos para obras necessárias para consertar infraestrutura e restaurar ecossistemas (Em 1943, Roosevelt[12]

---

[12] N. de E.: Franklin Delano Roosevelt (Hyde Park, Estados Unidos, 1882 – Warm Springs, Estados Unidos, 1945), o FDR, foi presidente dos Estados Unidos entre 1933 e 1945, três meses depois de iniciar seu quarto mandato consecutivo, o que era permitido à época. Foi sob seu comando e idealização que os Estados Unidos adotaram e desenvolveram o New Deal nos anos 1930 e, depois, enfrentaram as forças do eixo na Segunda Guerra Mundial. FDR é lembrado como um dos três grandes presidentes americanos, ao

contratou quatro milhões de pessoas em empregos temporários para aliviar os níveis devastadores de desemprego do país). Em vez de interromper diretamente as execuções hipotecárias com uma ação federal agressiva, Obama implementou programas complicados e ineficazes. E assinou embaixo do pacote extremamente impopular do governo Bush para o resgate dos bancos, acentuando a continuidade de uma postura em benefício de Wall Street. Ele sequer restringiu o pagamento de bônus para executivos dos bancos salvos pelo pacote do governo. Como afirmou a CEOs do setor financeiro no início de 2009: "Meu governo é a única coisa entre vocês e as foices". Sinceramente, ele deveria ter criado postos de trabalho em uma fábrica de foices alimentada por energia solar.

Como demonstrado pela socióloga Theda Skocpol, o empenho do governo para conseguir uma conciliação com as elites também ajudou a condenar o projeto de lei de energia limpa e segurança proposto em 2009, conhecido como Waxman-Markey. Grupos ambientais de base foram deixados de lado, enquanto um punhado de organizações não governamentais (ONGs) e executivos do setor de combustíveis fósseis negociavam a portas fechadas, desperdiçando o que havia sobrado da preciosa abertura política criada pela crise.[13] Mesmo tendo feito grandes concessões para os interesses da indústria

---

lado de Washington e Lincoln, sendo uma referência progressista no século XX.

[13] Theda Skocpol, "Naming the Problem: What It Will Take to Counter Extremism and Engage Americans in the Fight against Global Warming", Harvard University, elaborado para o simpó-

de combustíveis fósseis e de outros setores, o projeto de lei foi enterrado no Senado em 2010.[14]

Em seu segundo mandato, Obama acelerou a implantação de regulamentações para tornar a economia mais eficiente do ponto de vista energético e encerrar operações de usinas de carvão. Ele assinou o Acordo de Paris, conquista modesta alardeada como uma grande vitória. Os compromissos assumidos pelos países signatários com a transição para uma economia de baixo carbono não corresponderam à meta definida pelo acordo de manter o aquecimento do planeta abaixo de 2° Celsius. O maior gargalo da política climática global continuava sendo os Estados Unidos.

Fundamentalmente, os limites das políticas de Obama refletiram as falhas mais amplas da guinada neoliberal da centro-esquerda dos Estados Unidos, baseada na premissa de que o consenso bipartidário garantiria a aprovação de políticas razoáveis para o avanço do bem comum – mas sem a população em geral atrapalhar. Como observa o historiador Adam Tooze, "o governo Obama nunca construiu o eleitorado de democratas ferrenhos que se formou com o *New Deal* de Roosevelt".[15] Com essa falha, ficou ainda mais fácil para Trump abocanhar a vitória no colégio eleitoral, com a promessa de recuperar os

---

sio sobre políticas dos Estados Unidos para combater o aquecimento global, 2013, disponível em: scholars.org.

14 Ryan Lizza, "As the World Burns", *New Yorker*, 3 de outubro de 2010.

15 Adam Tooze, *Crashed: How a Decade of Financial Crises Changed the World* (Viking 2018), p. 280.

postos de trabalho perdidos pela indústria no Cinturão da Ferrugem, região que jamais se recuperou da crise de 2008 – nem, aliás, do Acordo de Livre Comércio da América do Norte (Nafta) de Bill Clinton. Quatro milhões e meio de eleitores de Obama – sendo metade pessoas não brancas – não saíram de casa para votar nas eleições de novembro de 2016.[16] E, agora, Trump traz a ameaça de um apocalipse climático. Será que a volta de um progressismo moderado conseguiria mesmo frear a oligarquia conservadora e autoritária?

Brad DeLong, economista que ajudou a liderar a era neoliberal dos Democratas, admitiu recentemente o fracasso desse projeto:

> Nos últimos 25 anos, não conseguimos atrair mais parceiros para uma coalizão com os Republicanos, não conseguimos animar nossa própria base e não conseguimos produzir vitórias na implantação de políticas óbvias de grande escala para consolidar o centro em uma coalizão sólida para governar.

E qual foi a mensagem de DeLong para seus amigos centristas? "O bastão passa merecidamente para nossos colegas à nossa esquerda."[17]

---

[16] Philip Bump, "4.4 million 2012 Obama voters stayed home in 2016 – more than a third of them black", *Washington Post*, 12 de março de 2018.

[17] Zach Beauchamp, "A Clinton-era Centrist Democrat Explains Why It's Time to Give Democratic Socialists a Chance", *Vox*, 4 de março de 2019.

Hoje, a jovem militância que combate as mudanças climáticas agarrou esse bastão e o transformou em uma tocha. Nesse sentido, ela se une à onda mais ampla de movimentos que agitaram o mundo pós-2008 e pós-Katrina, declarando que é preciso romper com o jeito que as coisas sempre foram feitas se quisermos ter algum futuro.

No fim de 2018, a carismática socialista democrata Alexandria Ocasio-Cortez surpreendeu ao derrotar um deputado consagrado em uma primária do partido em Nova York, se elegeu para o Congresso e definiu o Green New Deal como prioridade imediata. Antes mesmo de tomar posse, ela se uniu a manifestantes do movimento *Sunrise*[18] que realizavam um protesto pacífico no gabinete de Nancy Pelosi. Um mês depois, Alexandria Ocasio-Cortez e o senador Ed Markey (eleito pelo Partido Democrata em Massachusetts), grande apoiador do combate às mudanças climáticas, lançaram uma resolução em defesa de um Green New Deal.[19]

A resolução defende a aplicação de um investimento público massivo para garantir que a economia dos Estados Unidos zere suas emissões líquidas de carbono na década de 2030 (o cronograma exato é ambíguo). Relacionando a crise climática com a miséria econômica, o texto sustenta a necessidade da implantação de uma garantia de emprego, segundo a qual

---

[18] Ver nota 3.

[19] Danielle Kurtzeblen, "Rep. Alexandria Ocasio-Cortez Releases Green New Deal Outline", *NPR*, 7 de fevereiro de 2019.

o setor público ofereceria trabalho a todo e qualquer habitante dos Estados Unidos que quiser. A resolução também traz ecos de legislações dos estados da Califórnia e de Nova York, ao priorizar investimentos em energia limpa e no aumento da resiliência de comunidades racializadas e populares, além de defender a expansão e melhoria do acesso a uma imensa variedade de serviços sociais por meio de programas como o oferecimento de gratuidade na mensalidade de universidades públicas e de um sistema de saúde administrado pelo Estado, o Medicare for All.[20] Outras questões, como moradia e agricultura, são citadas de passagem. Movimentos que lutam por justiça climática e ambiental, ambientalistas progressistas e alguns sindicatos importantes passaram décadas se organizando em torno dessas ideias. Agora, finalmente, os argumentos deles se refletiram na elaboração de um plano geral para uma política nacional ostensiva.

O programa climático proposto por Alexandria Ocasio-Cortez e Ed Markey marca uma quebra radical nas políticas climáticas da era Obama, que algumas vezes adotavam a linguagem do Green New Deal, mas não chegavam a colocar o discurso em prática. A nova resolução, em contraste, oferece um programa de transformação econômica que brada suas

---

[20] N. de E.: o Medicare for All (cuidados médicos para todos) é um projeto de lei, cujo nome oficial, Projeto de Lei Nacional de Cuidados de Saúde dos Estados Unidos, foi apresentado pelo mítico, e recém-falecido, deputado federal democrata John Conyers (1929-2019), um ícone da luta por direitos civis e sociais da comunidade afro-americana.

ambições a plenos pulmões. O realismo da proposta não se baseia na astúcia da velha política, mas na melhor produção científica mundial. Sua visão é tão grande quanto a ameaça à existência da civilização humana. Mas também lhe faltam propostas concretas para os próximos passos.

A batalha pelo sentido do Green New Deal começou. Especialistas, movimentos de base e presidenciáveis reivindicam de forma inédita posições mais claras e proeminentes sobre as mudanças climáticas. Muitos economistas, analistas políticos e comentaristas de centro tentaram entrar na nova onda de empolgação com a política climática, utilizando a linguagem do Green New Deal para descrever programas muito menos ambiciosos.[21] Chamamos a alternativa deles de "falso Green New Deal".

Na visão desses moderados cautelosos, a descarbonização da economia (ou mesmo que só do setor energético!) até meados da década de 2030 é uma proposta ambiciosa absurda. Os defensores do falso Green New Deal veem a pauta social do plano como uma distração onerosa. Eles acreditam que a aplicação de impostos sobre a emissão de carbono, com restituição para a população mais pobre, e investimentos pesados em pesquisa e desenvolvimento (P&D) devem ser as principais políticas para alcançar a descarbonização da economia, de forma gradual, mas eficiente. Justiça seja feita: é uma abordagem coerente. A visão desses defensores é de que o progresso climático tem mais chance de dar certo se tiver um escopo simples

---

21 Vide, por exemplo, o editorial "Want a Green New Deal? Here's a Better One", *Washington Post*, 4 de fevereiro de 2019.

e restrito, focado principalmente na questão energética, com o mínimo possível de interferência na vida cotidiana, e com a concordância das elites políticas. Para esses céticos, justamente pelo fato de as desigualdades estarem tão arraigadas, seria imprudente atrelar a descarbonização à luta por serviços sociais universais e de qualidade e pelo controle público dos mercados. Zerar as emissões líquidas de carbono nos Estados Unidos em dez anos – ou mesmo vinte – já vai ser bem difícil. Por que, ainda por cima, acrescentar o peso de acabar com as desigualdades e disciplinar o capital? Por que não salvar o mundo hoje e só depois melhorá-lo?

A defesa prática do radicalismo

O verdadeiro "sonho verde ou qualquer coisa assim", para pegar emprestada a frase de Nancy Pelosi, é acreditar que o "falso Green New Deal" vai funcionar.[22] Um argumento simples estrutura este livro: *um Green New Deal eficaz também é um Green New Deal radical.*

Quando falamos de um Green New Deal radical, não o entendemos no sentido extremista. Nosso termo "radical" vem do latim *radix*, que significa "raiz": a mudança radical é sistêmica e vai na raiz do problema, não ficando presa apenas nos sintomas. Seria um exagero lutar por isso nos Estados Unidos? Concordamos com a declaração de Alexandria Ocasio-Cortez no programa *60 Minutes*: "Sempre foram os radicais que pro-

---

22 "Pelosi calls the Green New Deal 'the green dream or whatever'", *The Week*, 7 de fevereiro de 2019.

moveram mudanças neste país".[23] Acreditamos que um Green New Deal radical também seria popular. Nossa meta é construir uma política climática para 99% da população: massas de todas as raças contra uma pequena elite, exigindo justiça para todos e todas em um planeta habitável.

De forma mais concreta, o que significa ir na raiz do problema das mudanças climáticas?

Uma das questões é levar o conhecimento científico a sério e definir nossas metas políticas a partir disso. Com a lógica de estabelecer objetivos mais comedidos e uma mudança mais lenta, o falso Green New Deal efetivamente aceita que o aquecimento global chegue a 3° Celsius, com risco de superar ainda mais esse nível se os mecanismos de retroalimentação climática surtirem efeito rápido. Nossa meta é não passar de 2° Celsius de aquecimento, com o objetivo de ficar o mais perto possível de 1,5° Celsius. Além disso, enquanto o falso Green New Deal utiliza incentivos fiscais e sinalização de preços como ferramentas econômicas, o Green New Deal radical utilizaria o poder do investimento e da coordenação pública para priorizar o processo de descarbonização de forma rápida, ampla e em grande escala. E enquanto o falso Green New Deal tem um foco limitado na substituição dos combustíveis fósseis por fontes de energia limpa, nós entendemos que o setor energético está ligado a sistemas físicos e desigualdades sociais mais amplas. Um Green New Deal radical se debruça sobre as intersecções inevitáveis entre política social, econômica e ambiental, e prioriza a igualdade.

---

23 60 *Minutes*, CBS News, 23 de junho de 2019.

Por fim, o falso Green New Deal vê o escopo e a ambição de um Green New Deal radical como um estorvo político. Ele busca uma transformação a partir do aumento do consenso com as elites e da implantação de políticas discretas. Em contraposição, nós enxergamos a ampliação da política climática como uma vantagem política: uma oportunidade de construir o apoio de uma maioria a uma mudança grande e mobilizar energias políticas para romper com o *status quo*. Explicaremos mais a fundo.

Começamos com a prioridade central: evitar o colapso climático. Não sabemos qual é exatamente a sensibilidade do sistema climático. Fazer um planejamento que preveja um aquecimento de 2,5° ou 3° Celsius, como faz implicitamente o gradualismo do falso Green New Deal, é aceitar os impactos devastadores que serão enfrentados nos países do Sul Global, correndo-se o risco de um aumento apocalíptico de 4,5° Celsius. Então nosso objetivo é não passar de 1,5° Celsius. Preferimos atrasar em alguns anos o cumprimento de um prazo de um plano extensivo de descarbonização do setor energético até 2030 do que perder uma meta mais lenta e mais fácil definida para 2040, sabendo que falhar nesse caso traria consequências mais graves. Por mais que o clima esteja ficando ruim nos Estados Unidos, no curto prazo, são países africanos e asiáticos que sofrerão o maior impacto de um aquecimento de 3° Celsius. Não estamos dispostos e dispostas a deixar isso acontecer só para facilitar a vida da ExxonMobil e de Wall Street. Nossa preocupação está mais voltada para o orçamento de carbono que para o déficit fiscal. Nosso ponto-chave é o consenso científico que indica que os anos 2020 exigirão, como descrito em um ensaio recente na revista *Science*, esforços "hercúleos" para transformar a economia.[24]

Mudanças hercúleas não são a especialidade das abordagens do mercado. Para descarbonizar rápido, precisamos assumir o controle público e democrático de grande parte da economia para priorizar uma ação climática justa. É preciso lembrar que os capitalistas investem em projetos que dão dinheiro e consolidam seu próprio poder, e não que tornam o mundo um lugar melhor. Se isso acontecer, é só um feliz efeito colateral. Mesmo que alguns executivos de grandes corporações se preocupem com o mundo que será deixado para seus netos, eles jamais sacrificarão seus próprios lucros para reduzir as emissões de carbono. Se fizessem isso, os acionistas dariam um jeito de substituí-los.

O falso Green New Deal tenta mobilizar investimentos capitalistas para o benefício do clima, principalmente, com financiamento em pesquisa e desenvolvimento, subsídios moderados e precificação de carbono. Seus defensores veem a implantação de um imposto sobre a emissão de carbono como o principal motor para estimular o setor privado a investir na redução de suas emissões, incentivando tanto empresas e quanto consumidores a descarbonizar. Também querem priorizar os esforços de pesquisa e desenvolvimento em novas tecnologias, como produção de energia geotérmica em grande escala, alternativas às proteínas animais convencionais e captura direta de carbono presente no ar. Concordamos com a ideia de ex-

---

24 Johan Rockström et al., "A Roadmap for Rapid Decarbonization", *Science*, vol. 355, no. 6331, 24 de março de 2017.

pandir os esforços em pesquisa e desenvolvimento. Mas isso não substitui a necessidade de se acelerar drasticamente a implementação da excelente tecnologia em energia limpa que já está disponível.

Também apoiamos o estabelecimento de um imposto progressivo sobre a emissão de carbono, com abatimentos para a população de renda baixa e média. Uma precificação modesta de carbono ajudaria a nocautear a produção de energia pela queima de carvão, setor que já está na corda bamba. Se o programa for bem elaborado, pode ajudar a desestimular hábitos de consumo associados à emissão intensa de carbono, e nos encorajar a gastar nosso dinheiro que sobra em aulas de dança em vez de comprar um iPad novo. Pode ajudar também agências governamentais e empresas a planejar investimentos de longo prazo para dar conta das mudanças climáticas. Mas a precificação do carbono é uma ferramenta secundária, um complemento a nossos instrumentos principais de regulamentação, coordenação e gasto público, tudo com o objetivo de melhorar o padrão geral de vida. Sem oferecer alternativas acessíveis, aumentar o preço dos combustíveis só vai provocar uma imensa reação política negativa. A precificação do carbono também representa uma estratégia estranhamente indireta para alcançar uma transformação rápida. Como brincou o jornalista David Roberts durante uma palestra na Filadélfia em 2018, os Estados Unidos não derrotaram os nazistas impondo tributos sobre fábricas que não produzissem aviões e tanques para contribuir para o esforço de guerra.

Para os Estados Unidos zerarem as emissões líquidas de carbono de seu setor energético até meados da década de 2030, o país precisa expandir a rede de energia limpa em um ritmo dez vezes mais rápido que o adotado nos últimos anos. Combinadas com investimentos públicos em restauração de ecossistemas, infraestrutura verde e obras de conservação, essas medidas exigiriam uma quantidade imensa de trabalho humano e, portanto, a criação de milhões de empregos verdes de alta qualidade. Simplesmente não existe precedente de uma mobilização tão ampla e rápida no setor privado. Com apoio do Estado, os capitalistas verdes desenvolveram tecnologias de geração de energia limpa baratas e eficientes. Mas embora possam, aos poucos, vencer a batalha contra o carvão, as empresas de energia solar não podem implantar leis que acabem com a existência dessa fonte não renovável nem transformar a rede de eletricidade e o sistema energético mais amplo.

Sob um Green New Deal radical, o setor público direcionaria investimentos e coordenaria a produção, nos mesmos moldes do que aconteceu na Segunda Guerra Mundial. Será que a burocracia do Estado daria conta de um trabalho tão complexo? Setenta e cinco anos atrás, deu certo, com um esforço de elaboração e planejamento jurídico. Nos anos 1940, agências públicas recém-criadas, exército e empresas subsidiadas pelo governo intensificaram a produção de maquinário bélico em um ritmo inacreditável. Com apoio do setor público, a maior fábrica do mundo foi construída em menos de um ano, perto do município de Ypsilanti, em Michigan, onde se passou a produzir um bombardeiro B-24 por hora. Da noite para o dia, fábricas de assentos de automóveis mudaram de operação e passaram a produzir paraquedas, e linhas de montagem da Cadillac começaram a fabricar tanques em série.[25]

Gostaríamos de ter outra analogia para falar de ação pública em grande escala que não fosse a Segunda Guerra Mundial. Mas a questão se mantém: é possível construir – e promover – um setor público capaz de conduzir uma transição rápida e justa. Além disso, muitas vezes se esquece que a capacidade do Estado foi desenvolvida na década anterior pelo New Deal. Os neoliberais passaram quatro décadas promovendo o lento sucateamento dessas capacidades administrativas, enfraquecendo regulamentações e muitas agências federais para fortalecer as grandes empresas. Reconstruir e revigorar as instituições públicas é uma das tarefas mais importantes que enfrentamos hoje.

Muito do que estamos propondo se chama política industrial, e já é uma realidade em grande parte da Europa, do leste e sudeste asiático e em outras partes do mundo. São casos apresentados na Lei de Reinvestimento e Recuperação Americana como histórias de sucesso. De modo mais amplo, nos Estados Unidos, a pesquisa militar financiada pelo Estado produziu muitas das tecnologias que estão hoje nos smartphones, como GPS, acesso a internet e microprocessadores. O programa Agência de Projetos de Pesquisa Avançada em Energia (Arpa-E) do Instituto Nacional de Saúde e do Departamento de

---

25 Bill McKibben, "A World at War", *New Republic*, 15 de agosto de 2016. Veja também Mark R. Wilson, *Destructive Creation: American Business and the Winning of World War II* (University of Pennsylvania Press 2016).

Energia do país financia com frequência inovações revolucionárias. A maior parte das obras de infraestrutura já combina investimentos públicos e privados. Grandes estados, como Califórnia e Nova York, já estão testando ferramentas do Green New Deal, como regulações mais agressivas, bancos verdes e investimentos direcionados para comunidades marginalizadas.

A participação popular será essencial para evitar que uma mobilização de grande escala atropele a vida das pessoas. A promoção do poder federal não precisa significar controle de cima para baixo. Sindicatos, organizações sem fins lucrativos e grupos comunitários devem ajudar a guiar a transição. Assim como na Alemanha, podemos estimular a criação de cooperativas comunitárias de geração de energia solar e eólica em terra (*onshore*). Em bairros populares, onde a parcela de pessoas negras e pardas é desproporcional em relação à população em geral, o investimento pode ajudar no empoderamento para que a comunidade possa tomar decisões sobre a produção e direcionar fundos para suas necessidades. Tudo isso poderia ajudar a orientar o Estado no sentido de reduzir o encarceramento em massa e melhorar o bem-estar nos territórios.

Também promoveríamos a expansão de instituições de orientação não mercadológica, sob responsabilidade e controle das comunidades, não do governo,cooperativas públicas de crédito, concessionárias de serviços públicos,fundos territoriais comunitários e cooperativas de trabalhadores e trabalhadoras são alguns exemplos. E aprovaríamos a propriedade compartilhada de trabalhadores e trabalhadoras em grandes empresas privadas, por meio de arranjos como os "fundos de propriedade inclusiva" que estão sendo discutidos nos Estados Unidos e no Reino Unido. Projetos financiados com recursos federais seriam controlados pelas comunidades locais. Imagine bibliotecas que também funcionam como centros de acolhimento, hortas comunitárias mantidas com trabalho da população do bairro e cooperativas de empreiteiros e empreiteiras promovendo a climatização de casas. O objetivo não é dar mais poder ao governo federal apenas por uma questão de centralização, mas, sim, para garantir que os gastos públicos federais sejam aplicados para empoderar as comunidades em escalas diversas, para que elas possam controlar melhor a própria vida.

No limite, a abordagem que prioriza o imposto sobre a emissão de carbono dos defensores do falso Green New Deal postula a microeconomia como solução para a crise climática, enquanto nós precisamos, na verdade, de uma nova economia política. Evitar a catástrofe significa transformar o consumo e a produção, priorizando a adoção de bens públicos compartilhados que melhorem a qualidade geral da vida das pessoas em detrimento do consumo de lixo barato, desnecessário e rico em emissão de carbono. Sim, todo mundo deveria comer menos carne e viajar menos de avião por lazer. Mas precisamos mudar coletivamente e, para isso, precisamos de alternativas que não emitam carbono. As agências públicas seriam o motor da grande mudança e deveriam oferecer empregos verdes em vez de trabalhos destrutivos para o meio ambiente; construir habitação pública garantida, parques e parquinhos; e expandir os serviços fornecidos sem emissão de carbono em áreas como educação e saúde gratuita. Como explicamos ao longo do livro, investir em igualdade não é só um complemento para trazer satisfação pessoal: é nosso instrumento mais eficaz e eficiente para garantir a descarbonização, tornando a ideia de uma vida boa compatível com o baixo uso de recursos.

São os ricos que arcarão com o peso do sacrifício do combate às mudanças climáticas. Eles passaram décadas colhendo quase todos os benefícios do crescimento econômico e esbanjando esses recursos com extravagância. Em todo o mundo, os 10% mais ricos são responsáveis por metade da pegada de carbono global.[26] Nos Estados Unidos, o décimo mais rico da população é responsável por um quarto das emissões.[27] Cortar o consumo deles teria um impacto ecológico muito maior que qualquer ação individual do resto de nós. O cientista climático Kevin Anderson estima que, se os 10% mais ricos da população mundial consumissem no nível de um europeu médio, as emissões globais de carbono cairiam cerca de um terço.[28] Os ricos também direcionam os bilhões que não consomem para investimentos que diminuem nosso mundo comum, indo desde apartamentos de luxo desocupados em Nova York e São Francisco até capitais de risco atirados em empresas de

---

[26] Oxfam International, "Extreme Carbon Inequality", 2 de dezembro de 2015, disponível em: oxfam.org.

[27] Kevin Ummel, "Who Pollutes? A Household-Level Database of America's Greenhouse Gas Footprint", Center for Global Development, Relatório 381, 10 de outubro de 2014, disponível em: cgdev.org.

[28] Kevin Anderson, "Response to the IPCC 1.5 °C Special Report", *Manchester Policy Blogs*, 8 de outubro de 2018, disponível em: blog.policy.manchester.ac.uk.

transporte de passageiros por aplicativo que estão substituindo o transporte público.

Para promover a reutilização, reciclagem e – o principal – redistribuição em uma escala massiva, um Green New Deal radical precisaria aumentar a tributação de grandes fortunas, heranças e altas rendas para inibir o consumo de luxo e ajudar a financiar luxos públicos.

Um projeto de proporções tão monumentais exigirá o que muitas vezes é chamado de "vontade política", ou o que preferimos chamar de poder político. É aqui que a diferença entre nossa visão e aquela do falso Green New Deal atinge ponto crítico. Em geral, as elites da política ambiental partem do princípio de que a mudança vem de cima: se alguns políticos tivessem coragem de liderar a ação de combate às mudanças climáticas, o povo seguiria. Nós acreditamos que o caminho é inverso.

As narrativas elitistas sobre as mudanças climáticas, muitas vezes, sugerem que as pessoas comuns não entendem a questão e jamais farão sacrifícios em benefício das gerações futuras ou de outras pessoas distantes delas. Mas nós acreditamos que o verdadeiro problema é que o poder das pessoas comuns foi arrancado delas. A partir dos anos 1970, o empresariado dos Estados Unidos aniquilou os sindicatos do país, um dos nossos maiores instrumentos de luta por igualdade. A porcentagem de trabalhadores e trabalhadoras representados por organizações sindicais caiu pela metade. No mesmo período, o salário real estagnou, mesmo com o aumento da produtividade. A porcentagem de renda dos 10% da população com os maiores rendimentos quase dobrou, e a situação do 1% mais rico melhorou ainda mais. Não foi apenas uma mudança econômica – foi também política. Os super-ricos passaram a abocanhar um controle ainda maior de partidos políticos, reformulando leis em todos os níveis de governo em benefício próprio.

Ao mesmo tempo em que desmantelou os sindicatos e o poder público, a elite do país também fortaleceu grandes empresas e o setor de combustíveis fósseis. Associações capitalistas importantes – a Business Roundtable, a Câmara de Comércio dos Estados Unidos, a Associação Nacional da Indústria de Manufatura, entre outras – ajudaram a garantir renúncias fiscais e redução de normas regulamentadoras para grandes empresas petrolíferas. O Partido Democrata também contribuiu para isso.

Para romper com o poder da elite dominante e impor prioridades públicas à economia, precisamos construir uma coalizão de massa com as pessoas comuns. Reconstruir o poder público exigirá o enfrentamento das desigualdades e das divisões que o capitalismo semeou entre famílias trabalhadoras, tanto nos Estados Unidos quanto em outros lugares para além das fronteiras. A situação hoje está tão ruim que a maioria da população dos Estados Unidos está pronta para a mudança, como ficou claro nas recentes agitações políticas. Um Green New Deal radical não tenta desviar de toda essa energia política e, pelo contrário, se fortalece a partir dela pelo bem comum.

Para além das dicotomias baratas

Entendemos o investimento público e a mobilização popular como elementos inegociáveis do Green New Deal radical. Mas as perspectivas de ação para combater as mudanças climáticas tendem a inflamar debates acirrados em torno de antigas dicotomias, principalmente na esquerda. Na acusação dos polemistas, ou se é cornucopiano ou malthusiano, ou ecomodernista ou ludista. Nós acreditamos que definir limites rígidos e abstratos entre ciência, tecnologia e ferramentas econômicas específicas pode nos distrair das questões mais fundamentais. Em vez de fetichizar ou demonizar as tecnologias, defendemos uma avaliação desses elementos da mesma forma que analisaríamos qualquer outro projeto político: elas reduzem o volume de carbono na atmosfera e promovem o avanço da liberdade humana? Quem as controla, e para quais fins?

O capitalismo gosta de ostentar a tecnologia como uma droga milagrosa: basta deixar as grandes corporações cobrarem o suficiente por seus produtos que elas resolverão todos os nossos problemas. Sabemos que a tecnologia não vai "resolver" as mudanças climáticas se mantiver o resto do mundo intacto. Mas também não devemos deixar o exército ou o Vale do Silício dominarem ou definirem o que é "tecnológico", literal e metaforicamente. A ciência e a tecnologia podem nos ajudar a entender e conviver com o planeta que compartilhamos.

Não temos muita fé de que haverá tecnologias viáveis para capturar e armazenar, em escala industrial, o carbono emitido por usinas de gás natural, nem para produzir uma quantidade ilimitada de energia limpa sem custo social e ecológico. Mas se alguém desenvolver uma máquina gigante de descarbonização ou fusão a frio amanhã, será uma grande alegria – desde que a ExxonMobil não detenha a patente da invenção. Queremos manter todas as usinas nucleares seguras em operação até conseguirmos zerar as emissões de carbono e substituir a energia nuclear por solar ou eólica.

Em resumo, não vemos motivo para tomar uma decisão arbitrária de antemão a respeito de quais tecnologias serão, em última análise, sustentáveis ou moralmente preferíveis. Queremos ter o maior número possível de opções para reduzir as emissões de carbono rápido. Queremos acumular forças para construir tecnologias melhores, inspiradas na defesa da criação de novos comuns digitais que colocariam o poder do aprendizado de máquina e dos algoritmos sob controle transparente e democrático. E queremos uma liberação radical de patentes para acelerar a cooperação global para a produção de tecnologia limpa, disponibilizando as melhores ferramentas para todos os países. A possibilidade de promover milagres tecnológicos no futuro não pode ser usada como desculpa para uma ação menor agora. Como argumentamos, queremos aumentar o processo público de pesquisa e desenvolvimento *e* acelerar a mobilização de tecnologias que não emitem carbono e já estão disponíveis.

Este livro também não esmiúça os debates sobre como financiar um Green New Deal radical. É possível aceitar ou não os pressupostos de uma teoria monetária moderna (MMT na sigla em inglês), que considera que o governo pode produzir um volume quase ilimitado de dinheiro para investimentos úteis. De qualquer forma, existe um grande consenso econômico em uma variedade de escolas progressistas de pensamento econômico de que as condições são favoráveis para a implantação de pelo menos alguns anos de investimentos públicos massivos em políticas ambientais. Tivemos décadas de baixas taxas de juros. Há oportunidade de promover mudanças fiscais. O banco central dos Estados Unidos (Fed) tem um arsenal de ferramentas para evitar o risco de uma inflação galopante, e os títulos verdes são um mercado em expansão que poderia ser explorado. Também há inúmeros motivos para aumentar a tributação sobre a riqueza, o que ajudaria a financiar benefícios sociais, instalação de energia limpa e pesquisa e desenvolvimento. Existem centenas de bilhões de dólares a serem redirecionados dos subsídios dados ao setor militar e de combustíveis fósseis. Enquanto isso, um cenário de mudanças climáticas persistentes teria custos incalculáveis para o futuro. Nos últimos três anos, o custo médio de desastres associados ao clima só nos Estados Unidos foi de US$ 150 bilhões ao ano. Sabemos que temos dinheiro e consenso econômico suficiente para começarmos a financiar um Green New Deal radical agora. E não temos condições de não fazer isso já.

Mesmo se um descarbonizador mágico aparecesse por milagre da noite para o dia, ainda assim teríamos uma crise ecológica a enfrentar. Isso suscita a dicotomia mais polêmica de todas: crescimento ou decrescimento. O desempenho do Produto Interno Bruto (PIB) nunca foi um parâmetro muito bom para medir as coisas com as quais nos importamos. Os últimos 40 anos mostram que esse índice pode continuar subindo sem contribuir para o bem-estar nem ser distribuído para a população. Ao contrário do que apregoa a ideologia do capitalismo, não é possível continuar buscando um crescimento intensivo do ponto de vista material para sempre. Não podemos fingir que não existem limites ecológicos. E, ao contrário do que argumentam os amantes da tecnologia limpa, não existe nenhuma evidência de que o crescimento pode ser substantivamente "desatrelado" do uso de recursos ou ocorrer sem impacto ambiental. Em nossa visão, precisamos de um "Último Estímulo"[29] de desenvolvimento econômico verde no curto prazo para construir paisagens de abundância de bens públicos, desenvolver novos modelos político-econômicos, saltar da esteira do crescimento, romper com o capital e cultivar um ritmo desacelerado de vida.

Religando os pontos

O antigo provérbio ecológico está certo: tudo está interligado. O planeta e a atmosfera são a base material sobre a qual repousa toda a atividade humana. Hoje, o capitalismo conduz a maior parte dessas atividades. As emissões de carbono estão sempre imbricadas com a pulsão do lucro e atravessam as realidades vividas em termos de raça, classe, gênero e lugar.

Ainda assim, as discussões políticas tendem a dividir as mudanças climáticas em categorias que não se comunicam, oferecendo análises muito setorizadas – construção, transporte, centrais elétricas, agricultura – e soluções direcionadas para cada setor separadamente. Mas todas as questões estão interconectadas de inúmeras formas. As mudanças climáticas, a economia, as desigualdades sociais, está tudo conectado. Assim, nossa análise sobre o problema enfatiza as conexões entre política, economia e emissão de carbono, utilizando uma abor-

---

[29] N. de E.: Daniel Aldana Cohen, "The Last Stimulus", *Jacobin*, 15 de agosto de 2017, disponível em: jacobinmag.com

dagem político-econômica abrangente que pode ser aplicada a uma variedade de questões.

Um Planeta a Conquistar dedica cada capítulo a um entre quatro campos de batalha estratégicos: combustíveis fósseis e concessionárias de serviços públicos, trabalho, ambiente construído e cadeias globais de abastecimento de uma transição para fontes renováveis. Em cada um, exploramos nossa visão do que um Green New Deal pode fazer e como explorar as lutas que vêm pela frente.

Para conseguir alcançar um clima mais estável e um mundo mais igualitário, precisamos ao mesmo tempo desconstruir nossos estilos de vida baseados em combustíveis fósseis e construir infraestruturas que distribuam energia renovável de forma equitativa. Precisamos desmantelar a indústria mais poderosa do planeta em um ritmo vertiginoso, caso contrário as coisas que construímos para substituí-la não vão fazer diferença. Isso significa encarar o capital do combustível fóssil de frente.

Para isso, precisaremos do poder que se constrói a partir de um movimento renovado de trabalhadores e trabalhadoras, o que significa superar tensões antigas entre políticas trabalhistas e ambientais. Há muito a se fazer para construir um mundo que funcione à base de luz do sol. Mas toda a atividade necessária para adaptar casas e instalar turbinas de vento, arranjos fotovoltaicos e linhas de transmissão não esgota a categoria de "trabalhos verdes". Longe disso. Na nossa visão, o trabalho de cuidado – entendido de maneira ampla para compreender a reprodução de nossas comunidades e a restauração dos ecossistemas do planeta – é tão essencial para uma economia verde quanto aqueles outros ofícios.

A própria transição energética vai além de uma simples substituição de uma fonte de energia por outra. Os sistemas energéticos estão arraigados no nosso cotidiano, e constituem tudo, do transporte à moradia e às paisagens atravessadas pela fiação elétrica. Mergulhamos nas entranhas de todos esses sistemas para mostrar que a transformação do nosso ambiente construído sempre estará envolvida com questões políticas – e oportunidades de libertação.

Por fim, precisamos acompanhar as implicações de uma transição energética para além das fronteiras dos Estados Unidos. A transição no país não pode ser feita às custas do aumento da devastação em outros lugares. O princípio básico da solidariedade está em respeitar a vontade democrática das comunidades que fornecem lítio, cobalto, cobre e outros recursos necessários para produzir energia renovável, e que arcam com o peso dos impactos da extração. Construir solidariedade para além das fronteiras é a melhor forma de fortalecer a cooperação global de combate às mudanças climáticas assentada na ideia de justiça.

Concluindo: a próxima crise

No momento da elaboração deste livro, no meio do ano de 2019, o pesadelo "trumpiano" parece uma rotina macabra. Mas a mudança acontece em erupções vulcânicas, e o magma sob nós está borbulhando. Nos últimos dois séculos, movimentos organizados reiteradamente acumularam força suficiente para alcançar amplas transformações sociais, modificando visões de mundo e condições materiais: as mobilizações abolicionistas do século XIX, o movimento pelo sufrágio feminino, o movimento radical de trabalhadores e trabalhadoras, a mobilização pelos direitos civis, pela libertação LGBT. A construção de grandes maiorias em defesa de uma transformação radical sempre começa nas minorias militantes. Atualmente, existem articulações militantes se organizando em toda parte, do crescimento explosivo dos Socialistas Democráticos dos Estados Unidos à onda de greves de professores e professoras e o movimento pelos direitos de migrantes, além do aumento da mobilização em torno de temas como justiça racial, habitação digna, justiça reprodutiva e direitos indígenas. Até cientistas estão saindo em marcha em Washington.

Existe também a questão da crise. O presidente Barack Obama desperdiçou a dele, mas outras estão despontando no horizonte. Um declínio econômico global é iminente, e desastres climáticos estão acontecendo em ritmo inédito. É certo que crises econômicas e ecológicas vão coincidir e se reforçar mutuamente. No momento da elaboração deste livro, muita gente nos Estados Unidos está com dificuldade de pagar o financiamento do carro, e as dívidas estudantis estão assolando as contas bancárias de milhões de *millennials*. Bilhões de dólares do mercado imobiliário estão prestes a afundar, literal e definitivamente, em lugares como Miami Beach. O valor das grandes petroleiras, que estão entre as maiores empresas do mundo, é baseado nas reservas que elas detêm, e que contêm cerca de cinco vezes o volume de carbono que podemos queimar sem destruir a civilização. O Banco da Inglaterra está fazendo um alerta a quem quiser ouvir sobre esses "ativos encalhados" ou irrecuperáveis. Em 2008, vimos o que alguns milhões de hipotecas ruins podem fazer com uma economia global interconectada, hiperfinancializada e com alto nível de endividamento. Uma situação pior está por vir.

Nós não celebramos nem romantizamos colapsos brutais da estabilidade social, econômica e política. Mas, como Naomi Klein mostrou de forma arrasadora em seu livro *A Doutrina do Choque*, a direita se planeja meticulosamente para enfrentar crises. Nós precisamos fazer isso também. Se conseguirmos nos organizar com antecedência, poderemos utilizar as aberturas criadas pelas próximas crises para atacar as causas diretamente pela raiz. Chega de crises desperdiçadas.

Quando acometerem, essas próximas crises serão oportunidades de avançar com nossa organização. E quando os colapsos de mercado coincidirem com um momento de controle do poder estatal na mão de progressistas e esquerdistas, proliferação da organização militante e protestos de milhões de pessoas nas ruas, nossa vantagem será imensa. Cada vitória que reduza as emissões de carbono e melhore o cotidiano prepara a base para novas conquistas. O Green New Deal radical parte da premissa de que estamos entrando em uma nova era na política – um terreno inteiramente novo, material e imaginativo, para se decidir como canalizar nossas energias coletivas. O futuro está vindo rápido em nossa direção, mas ainda temos a chance de moldá-lo. Não há nada a perder, e temos um planeta a conquistar.

Capítulo 1
Enterrar os fósseis

O ponto de fusão do alumínio é 660° C. Se você não trabalha com solda nem química, não existe motivo prático para saber disso. Do barril de cerveja ao papel que usamos para embalar as sobras da refeição, o alumínio é onipresente. Mas também é um dos elementos menos carismáticos da tabela periódica. Não é exibido como o néon e o cobalto nem uma celebridade como o carbono.

O aumento do carbono na atmosfera contribuiu para que dez dos últimos quinze anos fossem os mais quentes já registrados. Quatorze dos vinte maiores incêndios florestais da história da Califórnia aconteceram nesse mesmo período: a menor incidência de chuva e as temperaturas mais altas criam a condição ideal para a ocorrência de queimadas. As mudanças climáticas aumentam a variabilidade da chuva e da temperatura, e um inverno úmido de um ano pode levar ao crescimento de uma vegetação que se torna lenha na próxima temporada de seca. O episódio Camp Fire,[30] que arrasou a cidade de Pa-

---

[30] N. de E.: o episódio Camp Fire foi um imenso incêndio florestal ocorrido na Califórnia em 2018, que deixou 85 mortos, quase 20 mil casas e edifícios destruídos e, ainda, um prejuízo de cerca de 16 bilhões de dólares. Foi o pior acontecimento do tipo nos Estados Unidos desde 1918. A empresa Pacific Gas and Electric

radise, matou 86 pessoas depois que, por problemas de manutenção, uma linha de transmissão da PG&E, gigante da energia elétrica da Califórnia, soltou faíscas que entraram em contato com a vegetação do entorno.

Quem tentou fugir das chamas teve a surpresa de ver as calotas de alumínio dos carros derreterem e se espalharem pela pavimentação superaquecida. Quem conseguiu escapar a pé viu os próprios sapatos derreterem na estrada enquanto corria. A borracha derrete a 180° Celsius. Muita gente não sobreviveu. As chamas foram tão quentes que um sargento do condado de Alameda afirmou ao jornal *The New York Times* que não havia sobrado DNA nos restos mortais das vítimas. As equipes de resgate e os cães que auxiliaram nas buscas em meio aos escombros, muitas vezes, só encontraram fragmentos de ossos impossíveis de identificar. "As pessoas foram cremadas, por falta de uma palavra melhor", afirmou.[31]

Company (PG&E) deu causa ao desastre por omissão. Em período de seca brutal e muita ventania, a empresa não desenergizou linhas de transmissão que, caso se rompessem por causa do vento, poderiam gerar faíscas que levariam a um incêndio gigantesco na floresta seca – como, de fato, veio a acontecer.

31 Thomas Fuller e Richard Pérez-Peña, "In California, Fires So Fast Hesitation Proved Lethal", *The New York Times*, 13 de outubro de 2017.

Rompendo a cadeia

É raro conseguir apontar, com segurança, o nome de quem provoca os impactos sobre o clima. Culpar uma empresa de petróleo ou carvão por algum evento climático específico é tão difícil quanto colocar na conta de uma única fabricante de cigarros a morte de uma pessoa por câncer de pulmão, mesmo que a vítima sempre acendesse um Marlboro vermelho. No entanto, noventa empresas emissoras de gases do efeito estufa – quase todas produtoras de combustíveis fósseis, tanto públicas quanto privadas – foram, sozinhas, responsáveis por dois terços das emissões que contribuíram para o aquecimento do planeta desde o início da era industrial. Metade dessas emissões aconteceu nos últimos trinta anos.[32]

Como apontado pela investigação no estado da Califórnia, uma concessionária de serviços públicos que negligenciou a manutenção de suas linhas de transmissão para garantir uma maior lucratividade foi a responsável pelas faíscas que deram início ao incêndio. Entre extração, distribuição e *lobby*, a indústria dos combustíveis fósseis e as concessionárias de serviços públicos atuam de mãos dadas, como donas de um sistema energético dominado por acionistas e movido por todas as prioridades erradas.

Para manter o aquecimento do planeta abaixo de 2° Celsius, cerca de quatro quintos das reservas conhecidas de com-

[32] Richard Heede, "Tracing Anthropogenic Carbon Dioxide and Methane Emissions to Fossil Fuel and Cement Producers, 1854-2010", *Climactic Change* 122:1-2 (2014), pp. 229-41.

bustíveis fósseis *não podem* ser extraídas e queimadas. No entanto, o valor das empresas do setor é calculado com base na expectativa de que tudo que elas têm será vendido e consumido. Seu modelo de negócio – e, portanto, a prerrogativa de seus executivos – se escora na ideia de conseguir mais reservas e queimar tudo até a última gota. Assim, a continuidade da existência dessa indústria é incompatível com o futuro de qualquer coisa que possamos reconhecer como civilização humana. O Green New Deal precisa desmantelar nosso sistema energético movido pelo lucro com a mesma agressividade com que deve construir uma alternativa de energia limpa. Essa é a única forma de dar um basta na poluição por carbono que está levando à emergência climática e acabar com as empresas que erguem os maiores obstáculos políticos para a descarbonização.

É fácil esquecer que esse problema é simples quando navegamos por nossas pequenas paisagens energéticas. É possível acionar um interruptor ou um sistema de ignição sem pensar muito nas criaturas mortas há milhões de anos que foram compactadas em carvão, petróleo e gás e nas suas carcaças irreconhecíveis, exumadas por empresas de combustíveis fósseis e transportadas para todo o mundo para serem incineradas, liberando gases que criam um efeito estufa na atmosfera e ameaçam milhões de vidas na atualidade. Se não forem controladas, as mudanças climáticas podem facilmente provocar a morte de centenas de milhões de pessoas – ou chegar a bilhões, nos cenários mais pessimistas –, desencadeando caos e sofrimento em uma escala nunca antes vista, tudo isso só para garantir o aumento do lucro de algumas grandes corporações.[33]

No entanto, desde que entraram na consciência pública, as mudanças climáticas foram mascaradas, como outros problemas ambientais, como uma luta sem inimigos. Como lamenta a antiga tirinha *Pogo*, com o personagem homônimo diante de uma área cheia de lixo, "encontramos o inimigo, e ele somos nós".

A demanda define a oferta, então somos todos um pouco cúmplices da escavação tóxica de combustíveis fósseis. Essas empresas e seus produtos são onipresentes. O fato de serem consumidos por todos nós tem sido usado como uma defesa poderosa para a indústria que lucra com eles, e os executivos do setor não economizam na hora de pintar os interesses dos acionistas e do público como uma coisa só. "Pouquíssimos aspectos da vida moderna não foram de alguma forma tocados pelo petróleo e o gás natural", argumenta uma campanha publicitária reluzente do Instituto Americano do Petróleo. "Milhares de produtos feitos com petróleo e gás natural tornam a vida mais saudável, segura, confortável e divertida... Eles dão apoio à criatividade, nos ajudam a manejar nosso meio ambiente e a pensar para além de nós mesmos".[34]

---

33 David Wallace-Wells, "UN Says Climate Genocide Is Coming. It's Actually Worse Than That", *New York Magazine*, 10 de outubro de 2018.

34 Instituto Americano do Petróleo, "Energy Is Powering Manufacturing", disponível em: api.org.

A estratégia funcionou e conseguiu tirar o foco do óbvio: que o primeiro passo para evitar um colapso catastrófico do clima é, sem dúvida, manter os combustíveis fósseis que o provocam embaixo da terra, como já argumentaram as lutas lideradas por comunidades indígenas contra projetos como os oleodutos Dakota Access e Keystone XL.[35]

Um potencial de trilhões de dólares de lucro com combustíveis fósseis – os chamados ativos de carvão, petróleo e gás "encalhados" ou irrecuperáveis – não poderá ser realizado. A lucratividade lendária do setor é muito mais frágil do que parece. No momento em que as potências mundiais firmarem compromissos plausíveis com a redução das emissões de carbono, o valor das ações do petróleo vai despencar, e é bem possível que isso precipite uma crise econômica global caso não haja um planejamento para lidar com a situação. Conhecemos o inimigo, e ele é umas poucas centenas de executivos com uma riqueza extraordinária.

O valor inflado dessas empresas se ancora na premissa de uma promessa de morte. Priorizar a vida de bilhões de pessoas significa colocar a economia do setor energético sob controle público e garantir uma transição justa que melhore a vida das pessoas, com atenção especial para os trabalhadores e as trabalhadoras da indústria dos combustíveis fósseis e as comunidades mais impactadas pela extração. Por questões éticas e

---

[35] N. de E.: trata-se de dois megaoleodutos que Donald Trump liberou, embora atravessassem territórios indígenas: o segundo deles, inclusive, é um projeto binacional com o Canadá, indo do sudoeste canadense até o Texas.

práticas, uma transição justa também requer apontar o nome de nossos inimigos e constrangê-los, concentrando a fúria do movimento de combate às mudanças climáticas em quem a merece: nos CEOs dos combustíveis fósseis e nos executivos das concessionárias de serviços públicos.

O debate sobre os incêndios na Califórnia representa uma quebra na cadeia de responsabilidades normalmente difusa. A PG&E, concessionária que economizou na manutenção para engordar os dividendos dos acionistas, pode não ter provocado todos os incêndios recentes, mas a investigação estadual descobriu que ela causou muitos deles. "Existe um padrão muito claro aqui: a PG&E está desencadeando esses incêndios", afirmou o juiz William Alsup aos advogados da empresa durante uma audiência no início de 2019, lançando mão das leis de desapropriação indireta do estado. "O juiz deveria fazer vista grossa e dizer: 'PG&E, pode continuar operando normalmente, pode continuar matando pessoas'?".[36]

A concessionária em si não extrai combustíveis fósseis, mas o que a tornou responsável por tantos incêndios florestais é o que torna empresas como a ExxonMobil responsáveis pela crise climática: a negligência com o bem público, realizando operações energéticas inconsequentes em prol do lucro. No caso Camp Fire, durante o incêndio, a concessionária se recusou a desligar as linhas de transmissão, mesmo com o avanço das chamas. Nos anos anteriores, a empresa havia desviado

---

36 Joel Rosenblatt, "PG&E Judge Sees a 'Clear-Cut Pattern' of Utility Starting Fires", 31 de janeiro de 2019, disponível em: bloomberg.com.

100 milhões de dólares do orçamento que deveria dedicar a operações de segurança para pagar bônus a executivos e lucros a investidores. Havia também gasto cinco bilhões de dólares com dividendos de acionistas, tendo atrasado a implantação de melhorias em infraestrutura que sabia ser uma necessidade urgente. A mesma lógica se aplica a produtoras de combustíveis fósseis. Quando os interesses dos acionistas são priorizados, investir em novas perfurações e recompras de ações que oferecem o troco mais rápido não só é mais lucrativo para eles do que reforçar a aposta em fontes renováveis como também é uma missão dada pelas altas hierarquias. Se não for contestada, essa lógica provocará uma catástrofe.

Ciência sombria

Até 2050, os novos empreendimentos previstos no setor de petróleo e gás nos Estados Unidos, salvo se novas regulamentações forem aprovadas ou se ocorrer uma mudança drástica no preço do petróleo, poderiam abrir caminho para a liberação de um volume de carbono equivalente ao que seria emitido em toda a vida útil de mil termelétricas a carvão (para se ter uma ideia, em 2017, os Estados Unidos tinham 359 usinas desse tipo). E nenhum país planeja aumentar a extração de combustíveis fósseis mais rápido que os Estados Unidos. A maior parte das novas operações de exploração está programada para acontecer na Bacia Permiana, entre o Texas e o Novo México, e na Bacia dos Apalaches, nos estados de Ohio, Pensilvânia e Virgínia Ocidental. E elas não vão parar por aí. As empresas de combustíveis fósseis estão sempre caçando novas reservas e novas formas de extrair recursos dessas bacias. Depois de suspender a proibição de exportação em 2015, os Estados Unidos agora estão levando cada vez mais petróleo – e poluição por carbono – para outros países.

Já o Painel Intergovernamental sobre Mudanças Climáticas tem uma lista de afazeres diferente. Para fixar o teto do aquecimento em 1,5° Celsius, o consumo global de carvão, petróleo e gás natural terá de ser reduzido, respectivamente, em 97%, 87% e 74% até 2050.[37] A queda deve ser mais acelerada em países ricos, como os Estados Unidos, que têm condições de bancar a transição para eliminar os combustíveis utilizados atualmente. Como discutiremos nos próximos capítulos, isso envolve uma expansão vertiginosa das fontes de energia renovável, eletrificação da maior parte do uso energético e descarbonização de setores com emissão intensa de carbono, como a agricultura e o transporte.

O problema é que, mesmo que a energia solar e a eólica tenham se popularizado e ficado mais baratas, a *proporção* de energia que elas geram no país aumentou muito pouco.[38] As fontes boas não estão substituindo muito as ruins, mas só se somando a elas. Precisamos barrar a energia ruim diretamente. Isso é necessário, sobretudo, em nível global, em que, de modo

---

37 V. Masson-Delmotte et al., "Summary for Policymakers", Painel Intergovernamental sobre Mudanças Climáticas, 8 de outubro de 2018, disponível em: ipcc.ch.

38 "Short-Term Energy Outlook", Administração de Informações Energéticas dos Estados Unidos, 11 de junho de 2019, disponível em: eia.gov.

geral, as fontes renováveis só estão acrescentando energia limpa sobre a suja. Como não existem fronteiras para o carbono, "zerar as emissões líquidas" em casa não significa muita coisa se as exportações continuarem. Como um Green New Deal radical pode tirar o máximo proveito da formulação de políticas públicas nos Estados Unidos para reprimir a indústria de combustíveis fósseis para além das nossas fronteiras?

No debate econômico, as políticas de redução de emissões, em geral, ficam divididas em duas categorias: voltadas para a oferta – ligadas à produção de energia – ou para a demanda, tratando do consumo. No contexto climático, a oferta se refere exatamente ao suprimento de combustíveis fósseis, e as políticas restritivas nesse sentido limitam as emissões na fonte, nos poços e minas, por meio de medidas como a proibição do fraturamento hidráulico.[39] Essas medidas também poderiam descontinuar os subsídios que estimulam os empreendimentos com carvão, petróleo e gás. Já entre as políticas voltadas para a demanda estão ações bem-sucedidas, como a implementação de regulamentações favoráveis a energias renováveis ("padrões de portfólio renovável"[40]) e licitações públicas.

---

[39] N. de E.: também conhecido pelo nome de *fracking*, consiste em uma técnica que, entre outras coisas, serve para a extração de combustíveis do subsolo e para produzir o chamado petróleo de xisto (ou *oil shale*). O processo é alvo de críticas ferrenhas por parte dos ambientalistas pelos severos danos que causa ao meio ambiente.

[40] N. de E.: Padrão Portfólio Renovável, do inglês Renewable Portfolio Standard (RPS) consiste em uma uma regulação pela qual se estabelece o aumento da produção de energia a partir de fontes renováveis, tais como vento, luz solar, biomassa, geotérmica etc.

Mais polêmica, a formulação de políticas voltadas para a demanda envolve mexer com o consumo. A questão que gera os debates mais acalorados nesse sentido é o imposto sobre a emissão de carbono.

Precificar o carbono ajudaria. Nos Estados Unidos, isso encorajaria o consumo de energia mais limpa em lugares onde ela está disponível e é mais acessível – e ajudaria a influenciar os investimentos comerciais de longo prazo, como, por exemplo, fazendo com que as empresas optem por modelos elétricos na hora de comprar carros novos. Os ajustes de carbono na fronteira ajudariam a evitar que as empresas transferissem a produção cheia de carbono para fora dos Estados Unidos, para depois trazer de volta para o país os produtos ricos em emissão por meio do comércio.

Mas há um limite no que as sinalizações sutis do mercado podem alcançar. Estabelecer um preço para o carbono que seja baixo o suficiente para tornar a medida politicamente viável não garantiria o valor necessário para transformar os mercados energéticos globais. Segundo os setores radicais da Organização para a Cooperação e Desenvolvimento Econômico, a maioria dos tributos que já existem sobre o carbono é baixa demais para ter qualquer impacto nas emissões.[41] Enquanto isso, como mostram os protestos do Coletes Amarelos na

---

[41] *Effective Carbon Pricing Rates* 2018*: Pricing Carbon Emissions Through Taxes and Emissions Trading* (Publicação de 2018 da OCDE).

França,[42] obrigar a população a levar o custo da descarbonização nas costas é, compreensivelmente, uma medida impopular quando se tem um contexto de austeridade, redução de impostos para os ricos – cujo consumo produz um volume desproporcional de poluição – e falta de alternativas acessíveis e disponíveis que não emitam carbono.

O Green New Deal não é contrário às sinalizações do mercado, mas será necessário um envolvimento do poder público nos mercados maior do que almejam os neoliberais. As finanças públicas, as políticas de licitação, os financiamentos de pesquisas voltadas para a inovação e outras medidas que concebemos são muito mais fortes do que os acenos propostos pelos centristas. Pois nem a estipulação de um preço para o carbono, nem um conjunto mais completo de políticas voltadas para a demanda e a oferta de energia limpa conseguem substituir a aplicação de regulamentações públicas objetivas para simplesmente garantir que o carbono fique enterrado.

Nos Estados Unidos, uma ação restritiva pelo lado da oferta representa um tabu para quase todo mundo, exceto para grupos de justiça ambiental e climática, que há muito tempo

---

[42] N. de E.: os Coletes Amarelos, ou Gilletes Jeunes, são um movimento francês que, usando os coletes amarelos obrigatórios aos proprietários de automóveis na França, foi às ruas contra a tributação que o presidente francês Emmanuel Macron estabeleceu sobre os combustíveis usados em automóveis para, assim, reduzir a emissão de carbono. O movimento foi amplamente popular e fez convergir em si uma série de outras insatisfações contra esse governo.

fazem essa exigência.[43] Os economistas Fergus Green e Richard Denniss escrevem que, na formulação de políticas públicas, sempre se deu ênfase excessiva aos esforços para limitar a demanda por gases do efeito estufa com a aplicação de tributos sobre o carbono e regimes de limitação e comercialização de créditos de carbono, mas há um "silêncio notável" com relação aos instrumentos voltados para a oferta.[44] A relutância em se adotar medidas nesse sentido nos priva de ferramentas fundamentais para a luta contra a desestabilização climática. Ao manter um foco exclusivo na demanda, evita-se o ataque frontal ao produto básico das empresas de combustíveis fósseis e, o mais importante, ao poder político desse setor. Esse é um erro que um Green New Deal não vai cometer.

Petróleo californiano acima de tudo

Com um cenário de montes verdejantes transformados em cemitérios cinzentos por incêndios, chaminés que continuam expelindo carbono em bairros pobres e painéis solares se proliferando, as contradições da Califórnia podem dar uma ideia de como seria o possível futuro da política climática no país. Mesmo com todo o sucesso do estado com a adoção de fontes

---

[43] N. de E.: essas medidas consistem no que, no direito tributário brasileiro, é chamado de "extrafiscalidade".

[44] Fergus Green e Richard Denniss, "Cutting with Both Arms of the Scissors: The Economic and Political Case for Restrictive Supply-Side Climate Policies", Climate Change 150: 1-2, 2018, pp. 73-87.

de energia renovável, também se revelam os limites de políticas desequilibradas voltadas apenas para a demanda.

Em 2016, a Califórnia atingiu, quatro anos antes do prazo, a meta de reduzir suas emissões a níveis abaixo dos registrados em 1990.[45] O estado brigou com a Casa Branca na justiça para manter seu ambicioso programa de incentivo a combustíveis com baixo teor de carbono, o que o tornou lar de metade dos veículos de zero emissão do país.[46] Também está em vigor no estado, desde 2012, um programa de limitação e comercialização de créditos de carbono. Não houve queda significativa nas emissões, e grande parte da indústria poluidora localizada em comunidades pobres e racializadas continua intocada, mas a receita gerada com esse programa direcionou fundos para uma variedade de medidas voltadas para a criação de empregos verdes e melhorias na resiliência das comunidades mais afetadas. Pouco antes de deixar o cargo, o ex-governador Jerry Brown assinou uma lei exigindo que o setor elétrico do estado opere com 60% de fontes renováveis até 2030, e com 100% de fontes que não emitem carbono até 2045.[47] Essas mudanças não aconteceram graças à bondade dos políticos. O que acontece

---

45 David Baker, "California Slashes Emissions, Hits Major Greenhouse Gas Goal Years Early", *San Francisco Chronicle*, 11 de julho de 2018.

46 Aarian Marshall, "California Says 'Nope' to the EPA's Car Emissions Rules", wired.com, 4 de outubro de 2018.

47 David Roberts, "California Just Adopted Its Boldest Energy Target Yet: 100% Clean Electricity", 10 de setembro de 2018, disponível em: vox.com.

é que Brown e outros estão respondendo aos vigorosos movimentos de luta por justiça ambiental e climática do estado.

Esses movimentos têm raízes nas comunidades não brancas de baixa renda que convivem com refinarias e poços de exploração de petróleo com fraturamento hidráulico. Como as organizações sabem muito bem, o estado continua sendo um grande produtor de petróleo e gás. Apesar de se intitular o embaixador americano no mundo para políticas climáticas nos Estados Unidos da era Trump, Brown autorizou a abertura de mais de 21 mil novos poços de petróleo e gás. A Califórnia continua subsidiando a extração de combustíveis fósseis, e distribui terras ao aprovar arrendamentos e oferecer outros tipos de auxílio estatal. Além disso, a dedução de impostos para as operações de recuperação avançada de petróleo permite que as empresas petrolíferas eliminem os custos da perfuração, além de incluir incentivos fiscais federais na conta. Em 2018, a Chevron pagou uma alíquota negativa de 4% em tributos federais, recebendo uma restituição de 181 milhões de dólares. O aumento no número de painéis solares instalados nos telhados do estado não serve de muito consolo quando a fábrica da Chevron no seu quintal continua provocando asma nos seus filhos.

Se a Califórnia fosse acabar com a oferta de combustíveis fósseis, pelo menos parte dela seria substituída por combustível de outros lugares. Esse é o argumento dos lobistas da indústria de petróleo e gás da região. "Todo barril de petróleo que não é produzido na Califórnia será substituído por um barril produzido e enviado de uma região que não tem as leis ambientais rígidas do nosso estado", afirmou Catherine

Reheis-Boyd, presidenta da Associação do Petróleo dos Estados do Oeste dos Estados Unidos.[48]

Mas oferta e demanda se influenciam mutuamente: cortar a oferta redefine a demanda. O Instituto Ambiental de Estocolmo aponta que cada barril de petróleo não explorado na Califórnia diminuiria o consumo global em, aproximadamente, de 0,2 a 0,6 barril, reduzindo as emissões mundiais de carbono. Se o estado cortasse sua produção pela metade – para cerca de 100 milhões de barris por ano – a economia em emissões líquidas poderia ficar na casa de 8 milhões a 24 milhões de toneladas de CO_2 (dióxido de carbono) anualmente, o equivalente a tirar 4,7 milhões de carros das ruas todo ano.[49]

Sem sombra de dúvida, restringir a oferta também aumentaria o preço dos combustíveis. Mas como a Califórnia já tem dispositivos fortes de incentivo à adoção de fontes de energia renovável, além de tecnologia e técnica para acelerar o abandono dos combustíveis fósseis sem correr o risco de voltar para fontes mais sujas e menos eficientes como o carvão, ou de impor uma carga financeira indevida sobre as famílias da classe trabalhadora. As políticas voltadas para a oferta poderiam ter um efeito considerável tanto nas emissões globais quanto

---

48 Paul Rogers, "California Passes Bill to Block Trump's Offshore Drilling Plans", *Mercury News*, 28 de agosto de 2018.

49 Peter Erickson et al., "Limiting Fossil Fuel Production as the Next Big Step in Climate Policy", *Nature Climate Change* 8 (2018), pp. 1037-43; "Greenhouse Gas Equivalencies Calculator", EPA, dezembro de 2018, disponível em: epa.gov/energy/greenhouse-gas-equivalencies-calculator.

na saúde das comunidades próximas de locais de perfuração e refino de petróleo. Mexer na oferta e na demanda, *juntas*, deve ser a estratégia de uma transição energética comandada pelo setor público, para, finalmente, escutar a lógica do bom senso que os grupos de justiça ambiental da Califórnia e de outros lugares passaram décadas defendendo: precisamos de alternativas ao nosso regime de energia suja, e não existe outra alternativa que não interromper as emissões na fonte.

Há muito a ser feito. Apesar de ser responsável por incêndios criminosos para satisfazer acionistas, a PG&E recebe um amplo apoio do estado. Na época da elaboração deste livro, a concessionária devia cerca de 30 bilhões de dólares em indenizações pela temporada de queimadas de 2017 e 2018, além de responder a ações judiciais impetradas por sobreviventes, governos locais e seguradoras. Apesar dos esforços de muitos membros do legislativo estadual e da Comissão de Prestadoras de Serviços Públicos da Califórnia, conhecida pela postura complacente com a indústria, a PG&E apresentou pedido de recuperação judicial em janeiro de 2019. Com isso, ela pode repassar o custo de suas próprias dívidas em forma de aumento de tarifas – mesmo na conta de luz de quem teve a casa incinerada e familiares vitimados pelos incêndios.

O governador Gavin Newsom conclamou a assembleia do estado a mudar a legislação para isentar a PG&E e outras concessionárias de grande parte da responsabilidade, impingindo ainda mais o ônus sobre a população comum da Califórnia. Em julho de 2019, Newsom sancionou uma lei aprovada às pressas para que fique a cargo dos consumidores e consumidoras o pagamento de 10,5 bilhões de dólares para o resgate de concessionárias estaduais nos próximos quinze anos, além de impor um teto para o valor que a empresa pode ser obrigada a pagar por futuros desastres.[50] Os investidores da PG&E comemoraram. Toda essa boa vontade com a empresa não é por acaso: a concessionária gastou mais de 11,8 milhões de dólares em *lobby* durante a sessão legislativa estadual de 2017-2018, que sucedeu a temporada de incêndios.[51]

A espiral descendente da empresa desencadeou um debate mais amplo sobre o mérito da própria existência dela. No legislativo, aventou-se a ideia de dividir a PG&E em várias entidades. Furiosa, a população que continuava pagando a conta se uniu aos grupos de justiça ambiental e climática e aos comitês locais dos Socialistas Democráticos dos Estados Unidos para inundar audiências públicas, normalmente monótonas, para se opor ao resgate da empresa e exigir uma alternativa: propriedade pública. Diante da pressão, até Newsom considerou a ideia de o estado assumir o controle da concessionária, mas depois tornou essa operação pelo poder público municipal e estadual mais difícil com a aprovação de uma lei de resgate em meados de 2019, que exigirá que a Comissão de Prestadoras de Serviços Públicos da Califórnia aprove toda mudança de propriedade.

---

[50] Taryn Luna, "Utility customers will pay $10.5 billion for California wildfire costs under bill sent to Newsom", *Los Angeles Times*, 11 de julho de 2019.

[51] Wes Venteicher and Sophia Bollag, "As California Wildfires Grew, so Did PG&E Lobbying Spending", *Sacramento Bee*, 2 de fevereiro de 2019.

"Nosso modelo atual só protege os acionistas da PG&E. Não temos voz no processo", afirmou Jessica Tovar, membro da organização da Aliança Local por Energia Limpa. "Temos uma concessionária que opera usinas de combustíveis fósseis sujos, principalmente em comunidades não brancas de baixa renda, há décadas. Muita gente morreu de câncer nessa comunidade. É assim que um monopólio corporativo funciona: nas costas das pessoas mais pobres".[52]

As campanhas para transformar as concessionárias administradas por entes privados em propriedade pública também decolaram nas cidades de Providence, Boston, Boulder e Chicago, entre outras. No nível nacional, o grupo de trabalho ecossocialista dos Socialistas Democráticos dos Estados Unidos dá centralidade a essas campanhas como uma iniciativa de grande relevância.

Também tem havido esforços de base para exigir uma prestação de contas democrática de prestadoras de serviços públicos moribundas, administradas tão mal ou até pior que suas correspondentes privadas. As organizações de combate às mudanças climáticas querem assumir o controle da Autoridade Energética de Nova York para construir e gerar energia a partir de suas próprias turbinas eólicas, dando ao estado uma opção pública de fonte renovável. Em áreas rurais do país, membros de cooperativas de energia elétrica estão fazendo pressão para que essas instituições voltem às suas raízes diretamente democráticas. De Nova York e Oklahoma à Califórnia, um Green New Deal colocará as concessionárias sob controle público

52 Conversa com Kate Aronoff, 1º de fevereiro de 2019.

e melhorará os serviços que já são prestados por entidades do Estado.

Separar os fósseis do Estado

Assim como o Acordo de Paris, a resolução do Green New Deal apresentada pela deputada Alexandria Ocasio-Cortez (do Partido Democrata de Nova York) e pelo senador Ed Markey (um democrata de Massachusetts) não cita combustíveis fósseis nominalmente. Mas as políticas inspiradas no Green New Deal precisam ser explícitas: sem um ataque frontal ao poder da indústria, não conseguiremos avançar no ritmo necessário. Bem cientes desse fato, as donas do universo atual da energia fóssil fazem de tudo para evitar uma ação em grande escala.

Graças a um *lobby* prolífico e grandes contribuições de campanha, as produtoras de combustíveis fósseis acumulam 20,5 bilhões de dólares em subsídios estaduais e federais diretos nos Estados Unidos todo ano. Esse valor não inclui os outros bilhões que o Pentágono e o Departamento de Estado gastam para garantir o acesso de empresas do país a mercados e suprimentos em outros países por meio de guerras e relações diplomáticas. Em termos mundiais, o Fundo Monetário Internacional (FMI) estimou que o custo ambiental e social total não pago pela queima de combustíveis fósseis chega a 5,2 trilhões de dólares em subsídios – aproximadamente 6,5% do Produto Interno Bruto (PIB) global. Os benefícios distribuídos para a indústria são tão grandes que o Instituto Ambiental de Estocolmo estimou que metade dos novos empreendimentos em petróleo e gás não seriam lucrativos sem eles.[53] E os executivos desse mesmo setor também encampam uma guerra contra políticas climáticas que têm só uma parcela da ambição de um Green New Deal radical.

Como documentado pela cientista política Leah Stokes estado a estado, as concessionárias autorizadas fizeram *lobby* e forjaram campanhas com fachada popular para conseguir controlar os órgãos reguladores, derrotando esforços de expandir o uso de fontes de energia renovável. Os irmãos Koch,[54] particularmente, tiveram um papel crucial nisso e, em muitos casos, essas medidas levaram a um retrocesso de políticas de energia limpa que já tinham sido aprovadas. Não perdemos décadas de oportunidades de descarbonização porque as pessoas amam combustíveis fósseis e odeiam mudanças, foi porque houve uma campanha orquestrada por interesses privados para bloquear a possibilidade de progresso.

---

53 Vide David Roberts, "Friendly Policies Keep US Oil and Coal Afloat Far More Than We Thought", 26 de julho de 2018, disponível em: vox.com; David Coady et al., "Global Fossil Fuel Subsidies Remain Large: An Update Based on Country-Level Estimates", Fundo Monetário Internacional, 2 de maio de 2019, disponível em: imf.org.

54 N. de E.: são os irmãos bilionários que herdaram o clã formado por Fred Chase Koch (1900-1967), magnata do petróleo, admirador de Mussolini e um dos grandes incentivadores de perseguições anticomunistas nos anos 1950 e, depois, em movimentos de oposição à luta pelos direitos civis nos anos 1960 – seus filhos mantiveram a tradição e, enquanto lucravam com atividades em geral ligadas ao petróleo, financiavam a extrema direita pelo mundo.

As empresas de combustíveis fósseis e as concessionárias de serviços públicos chegaram longe: organizaram a contestação de políticos com mandato nas primárias do próprio partido, nos casos em que consideravam os mandatários favoráveis demais a energia solar e eólica. Em estados onde o Partido Republicano tradicionalmente tem desempenho melhor, uma aliança assombrosa entre grandes petrolíferas, concessionárias de serviços públicos e republicanos conservadores tem conseguido atrasar o avanço da energia limpa.

Durante toda a década de 1990, a PG&E e outras concessionárias atuaram com produtoras de combustíveis fósseis na Coalizão Global do Clima, influente grupo do setor, para disseminar desinformação em todo o mundo sobre as mudanças climáticas. Hoje, essa resistência pode ser mais sutil, mas nem por isso é menos perigosa. Com o Green New Deal nas manchetes, os interesses do setor de combustíveis fósseis, economistas de centro e um punhado de políticos democratas e republicanos já estão dando apoio à implantação de um imposto modesto sobre o carbono que os eximiria de ações judiciais e regulamentações, mas também sem garantir uma redução substancial das emissões.

A Exxon e a Shell já sabiam da ameaça da crise há décadas, graças a pesquisas de ponta realizadas por cientistas das empresas. A PG&E e outras concessionárias autorizadas também.[55]

---

[55] Karen Savage, "Inside the GCC: The Industry Group That Mobilized to Fight Global Climate Action", 25 de abril de 2019, disponível em: climateliabilitynews.org,; "1989 GCC Membership", disponível em: climatefiles.com.

Não podemos confiar que nenhuma delas vai mudar de modelo de negócios no prazo que a ciência exige. Nossa humilde esperança é de que um Green New Deal possa finalmente promover uma transição energética histórica firme para o interesse da população, não dos acionistas. Isso significa transformar a questão em um terreno potente de luta política, assim como é a economia e a saúde. Então o que seria o equivalente, nesse sentido, a dividir os bancos de Wall Street ou instituir um sistema público e gratuito de saúde? Instituir a propriedade pública da energia.

Rumo à energia pública

Não precisamos de empresas de combustíveis fósseis e, no longo prazo, nem precisaremos de combustíveis fósseis. O que nós precisamos é de fornecimento de energia elétrica. No caso das produtoras de combustíveis fósseis, alinhar um modelo de negócios com o interesse público significa sacrificá-las o mais rápido possível. No que se refere às concessionárias, significa extirpar a motivação do lucro e trazer essas instituições para o controle democrático, para que elas possam cumprir o que deveria ser sua única missão: garantir o fornecimento limpo, barato ou até gratuito de energia para a população atendida. Mas quem conhece a Saudi Aramco ou as Cooperativas Elétricas Rurais dos Estados Unidos, que adoram carvão, pode afirmar que propriedade pública por si só – seja mantida pelo Estado ou pela população que paga o serviço – não acelera o processo de descarbonização.

A maioria dos recursos de combustíveis fósseis do mundo está sob propriedade estatal, assim como 62% da capacidade instalada de geração de energia elétrica. Como é de se esperar, as dinâmicas mais amplas dos mercados de energia se refletem nas provedoras estatais, que aumentaram vertiginosamente os investimentos em fontes renováveis nos últimos anos, mas ao mesmo tempo continuam a operar mais da metade das termelétricas a carvão do mundo, segundo a Organização para a Cooperação e o Desenvolvimento Econômico.[56]

Também são necessárias muitas outras mudanças. Por exemplo, o modelo atual dos subsídios para iniciativas de energia limpa é favorável ao setor privado e faz com que seja difícil para as instituições públicas dos Estados Unidos colher os benefícios das deduções oferecidas a fontes renováveis, dificultando a possibilidade de se empreender inovações sérias nessa área. Enxotar os acionistas não é nenhuma solução mágica, mas abre as portas para um mundo livre de emissões de carbono que a propriedade privada manteria bem fechadas.

A transição para a propriedade pública e a posterior descarbonização são processos necessariamente distintos para produtoras de combustíveis fósseis e concessionárias autorizadas, com implicações diferentes para cada uma. Vamos analisá-las uma por vez.

---

[56] Andrew Prag et al., "State-owned enterprises and the low-carbon transition – environment working paper No. 129", OCDE, 25 de abril de 2018, disponível em: oecd.org.

Produtoras de combustíveis fósseis

Como discutido acima, o valor das empresas de combustíveis fósseis é extremamente inflado e reflete o cálculo dos lucros que não podem ser realizados sem desencadear uma catástrofe climática desenfreada. Uma ação inicial necessária para torná-las públicas é fazer uma avaliação adequada delas, restringindo-lhes a capacidade de explorar e minerar um volume infinito de recursos letais. Uma política climática ousada, que coloque as fontes de energia renovável em pé de igualdade, deixaria a indústria e seus apoiadores em polvorosa atrás de um plano de recuperação. Se e quando as ações na bolsa desvalorizarem, graças a um misto de reações a mercados e políticas, a resposta não será recuperá-las e tratá-las como entidades grandes demais para quebrar, mas sim comprá-las. O governo dos Estados Unidos pode tornar públicas empresas de combustíveis fósseis sediadas no país se adquirir 51% de suas ações e, em seguida, reduzir rapidamente a produção.

O quanto desses ativos, de empresas de energia suja, vão encalhar é vital para esse debate. Sozinhas, as forças de mercado não conseguem manter um volume decisivo de combustíveis fósseis debaixo da terra, ainda mais em um mercado que, claramente, não é nada livre, e sim carregado de subsídios distribuídos em nome da segurança nacional. O barateamento das fontes renováveis tem sido grande preocupação para as empresas de petróleo e gás. As políticas voltadas para a oferta, como as discutidas acima, podem finalmente deixá-las nervosas, principalmente se forem combinadas com a volta da proibição da exportação de petróleo bruto para acabar com o acesso a mercados internacionais.

Administrar a transição também garante que trabalhadores e trabalhadoras, bem como as comunidades construídas em torno da indústria de combustíveis fósseis, não fiquem à mercê dos caprichos do mercado. Sabemos o que acontece quando não há esse controle: as empresas de combustíveis fósseis declaram falência e sacaneiam com o plano de saúde e a aposentadoria de seus funcionários, como fizeram as combalidas empresas de carvão na região da Appalachia. Como detalhamos no próximo capítulo, as comunidades da classe trabalhadora merecem coisa muito melhor. Administrar o fim desse ciclo seria a salvação para quem vive de pensão – e hoje tem sua renda completamente atrelada às empresas mais tóxicas do mundo. Com uma gestão hábil da liquidação da indústria de combustíveis fósseis, um Green New Deal pode garantir a continuidade do pagamento dessas pensões, direcionando-as para investimentos produtivos e seguros que conduzam a transição – uma versão do século XXI da Reconstruction Finance Corporation (RFC), a Corporação para o Financiamento da Reconstrução, do New Deal.[57]

Quase uma nacionalização completa, existem muitas políticas razoáveis que podem preparar o terreno para a adoção do modelo de propriedade pública, limitar a perfuração de poços

---

[57] N. de E.: a RFC foi uma agência federal americana fundada em 1932, cuja finalidade era recapitalizar bancos e empresas que estavam em processo falimentar por causa da Grande Depressão. Ela durou até 1957, quando foi encerrada por não ser mais necessária.

de petróleo e até mesmo convencer os executivos da energia suja que o controle público é preferível à falência. Acabar com os subsídios dos combustíveis fósseis ajudaria na competitividade das fontes renováveis e liberaria dezenas de bilhões de dólares por ano para usos mais verdes. Estabelecer zonas de amortecimento entre locais de perfuração e casas, parquinhos, hospitais e outras áreas sensíveis também pode ajudar muito. Quando um projeto de lei – atualmente parado – prevendo a proibição de operações de perfuração em um raio de cerca de 760 metros desses lugares foi aprovado em uma comissão da assembleia legislativa da Califórnia, a venda em massa de ações de duas empresas de petróleo e gás fez os preços despencarem cerca de 15% e 10%, respectivamente. Como afirmou o CEO de uma das companhias a investidores nervosos durante uma teleconferência trimestral: "Foi um susto para todo mundo".[58]

Concessionárias de energia elétrica

Nos Estados Unidos, as concessionárias de energia estão nas mãos de diferentes atores, entre acionistas, governos estaduais e locais e, em algumas das regiões mais conservadoras do país,

---

[58] HFI Research, "This California Resources Sell-Off Is Unwarranted", 25 de abril de 2019, disponível em: seekingalpha.com; "AB-345 Oil and Gas: Operations: Location Restrictions", California Legislative Information, 30 de abril de 2019, disponível em: leginfo.legislature.ca.gov; "Circle Property (CRC) Q1 2019 Earnings Call Transcript", *The Motley Fool*, 3 de maio de 2019, disponível em: fool.com.

cerca de 42 milhões de "associados proprietários" de cooperativas elétricas rurais, um dos mais longevos legados do New Deal original, criadas para suprir a lacuna deixada pelo setor privado, que não levava as linhas de transmissão para as áreas rurais pobres. Vários estados têm programas chamados "Agregação da Escolha da Comunidade", que essencialmente permitem à população negociar coletivamente tarifas e contratos de fornecimento de energia mais justos. Só na Califórnia, esses arranjos atendem 2,6 milhões de pessoas. Em Nebraska, a operação da rede é completamente estatal e administrada pelo Distrito de Energia Pública do estado. Já em Los Angeles, o Departamento de Águas e Energia atende 4 milhões de pessoas e comércios em toda a cidade. Passando por Hammond, no estado de Wisconsin, Jacksonville, na Flórida, e Lubbock, no Texas, o modelo de energia pública é familiar para pessoas de todo o espectro político no país. Enquanto a direita ataca aumentos modestos na tributação, alegando que se trata de um caminho sem volta rumo ao stalinismo, muitos eleitores republicanos já detêm os meios de produção de energia.

A população de Winter Park, na Flórida, tomou a eletricidade das mãos dos acionistas em 2005. Depois de um período de ajustes – no início, as tarifas aumentaram –, agora o fornecimento de energia está mais barato e confiável, com lucro anual de cerca de 5 milhões de dólares. Esse valor é então direcionado para melhorias no serviço e na segurança, não para dividendos de investidores. Assim como os programas de eletrificação do New Deal, os benefícios de se defender a expansão do fornecimento de energia pública e limpa podem ir muito além do valor das tarifas e da garantia da prestação do serviço. Na Carolina do Norte, por exemplo, a Cooperativa Elétrica Roanoke patrocinou um Programa de Retenção de Terras Afro-americanas e Silvicultura Sustentável, oferecendo assistência total a 117 proprietários e proprietárias de terras, desde apoio financeiro até manejo madeireiro.

"Os associados devem estar no centro de toda atividade que desenvolvemos, todo dia", afirma o presidente da organização, Curtis Wynn. Assim, a cooperativa realiza assembleias mensais de "papo reto" em todos os condados onde atua, para que os associados proprietários sejam informados das últimas notícias e discutam o que está funcionando e o que não está. Entre as iniciativas que surgiram dessas assembleias há uma variedade de programas de eficiência energética.[59]

Não se deve subestimar a capacidade das concessionárias autorizadas de polarizar qualquer questão, mas é preciso questionar a afirmação de republicanos e democratas cautelosos de que a propriedade pública é um tema espinhoso demais para ser discutido. Afinal, a maior parte da população não nutre nenhum carinho pela concessionária de energia que a atende, quanto mais por seus executivos. A maior barreira para colocar essas empresas sob controle público serão elas próprias e seu *lobby* gigantesco.

---

[59] Grant Williams, "Community Power: Fighting to Remain in Rural America II", 8 de novembro de 2016, disponível em: colabradio.mit.edu,; Kate Aronoff, "Bringing Power to the People: The Unlikely Case for Utility Populism", *Dissent*, verão de 2017, disponível em: dissentmagazine.org.

Então, como isso pode ser feito? Comecemos pela PG&E. Após a concessionária anunciar o pedido de recuperação, Johanna Bozuwa, do Democracy Collaborative, laboratório de pesquisa e desenvolvimento que tem feito um trabalho pioneiro a respeito da propriedade pública da energia, escreveu que, "com a queda vertiginosa do valor da empresa, este é um momento-chave para o Estado agir, assumir o controle e elaborar um sistema de fornecimento do serviço que seja centrado na acessibilidade, confiabilidade, resiliência e liderança nas questões de mudanças climáticas".[60] Com o valor das ações em baixa, a Califórnia tem a oportunidade de comprar a participação controladora da PG&E com um desconto exorbitante. As operadoras de redes de transmissão regionais estatais poderiam deixar a resposta do fornecimento de energia mais atenta às necessidades e condições locais, e mais ágil em caso de desastre. Em vez de deixar o dinheiro escoar para o bônus de executivos e acionistas, o investimento se voltaria para obras de melhoria da eficiência, aumento da capacidade de fontes renováveis, eletrificação (principalmente para o transporte) e redução de tarifas.

Existem também outros caminhos. Quando um plano de Green New Deal ganhou força no Maine, membros da assembleia estadual, estimulados por uma investida legislativa e organizativa, ponderaram a substituição das duas concessionárias que controlavam o setor elétrico por uma única provedo-

---

[60] Johanna Bozuwa, "Public Takeover of PG&E: A Radically Common-Sense Proposal", 17 de janeiro de 2019, disponível em: localcleanenergy.org.

ra pública de energia. Em Boulder, no Colorado, os eleitores motivaram a troca da Xcel Energy por uma provedora pública vários anos atrás, embora a empresa tenha criado entraves para a municipalização por meio de ações judiciais. É preciso ter em mente que as concessionárias autorizadas também vão comprar uma briga grande. Mas, assim como a Administração de Eletrificação Rural, o Green New Deal pode facilitar os esforços empreendidos de baixo para cima para promover o fornecimento de energia pública com assistência técnica e financiamento federal.

Hoje, a energia renovável enfrenta uma situação parecida com a encarada pela eletricidade de modo geral durante a Grande Depressão: o setor público não fornece o necessário. Considerando a urgência de uma transição energética massiva, um aspecto muito esclarecedor das iniciativas de energia pública do New Deal é a ênfase em um planejamento democrático como forma de conseguir resultados em escala: tendo estabelecido um amplo conjunto de critérios para definir quais comunidades poderiam pedir empréstimos pela Administração de Eletrificação Rural, os gestores públicos permitiram que as próprias comunidades decidissem se queriam a instalação de linhas de transmissão. "Os resultados palpáveis e imediatos serão a chegada de luz elétrica em uma grande parcela das fazendas dos Estados Unidos, para estimular a geração de empregos e a produção, e melhorar o padrão de vida nas comunidades rurais", escreveu o chefe da entidade, Morris L. Cooke, em 1938. "Os valores intangíveis – aumento da autoconfiança e treinamento de lideranças em todas as comunidades – se provarão igualmente satisfatórios".[61]

#Rex4Hague

Particularmente, os executivos do setor de combustíveis fósseis deveriam ver como um sinal de sorte se a única coisa que fizermos for tomar as empresas deles, porque eles também deveriam ser julgados por crimes contra a humanidade.

Além das mortes associadas às mudanças climáticas causadas por eles, a imensa variedade de efeitos provocados pela queima de combustíveis fósseis – poluição atmosférica, fumaça em lugares fechados, exposição a riscos ocupacionais e agentes cancerígenos – mata cerca de 5 milhões de pessoas por ano. Até 2030, estima-se que os óbitos anuais associados a mudanças climáticas e emissão de carbono devem subir para cerca de 6 milhões. Isso equivale a quase um holocausto por ano, o que, em uma década, pode superar o número de pessoas mortas na Segunda Guerra Mundial. No entanto, como já detalhamos, os indivíduos que comandam as empresas de combustíveis fósseis optam, todos os dias, por buscar novas reservas para queimar o quanto antes e usar todo instrumento possível para sabotar ações com vistas à regulação, mesmo sabendo muito bem das consequências fatais disso.

O comportamento dos executivos do setor constitui um crime contra a humanidade no sentido clássico: "ataque ge-

[61] Morris Llewellyn Cooke, "Electricity Goes to the Country", setembro de 1936, disponível em: xroads.virginia.edu.

neralizado ou sistemático direcionado contra qualquer população civil, havendo conhecimento desse ataque", incluindo assassinato e extermínio. Em oposição ao genocídio, explica a ONU, no caso de crimes contra a humanidade, "não é necessário comprovar que houve uma intenção geral específica", esclarecendo que o agente deve atuar "com consciência do ataque contra a população civil e que sua conduta faz parte desse ataque".[62]

Talvez eles não tenham a intenção de destruir o mundo como o conhecemos. E as mudanças climáticas talvez não sejam o tipo de ataque que vemos habitualmente. Mas eles sabem o que a indústria deles está fazendo com o planeta há muito tempo.

Para delimitar o campo de possíveis denúncias, podemos começar com os executivos da ExxonMobil, que são particularmente bons alvos, dada a imensa quantidade de documentos que comprovam que o alto escalão da empresa sabia e acobertou a existência das mudanças climáticas, ao mesmo tempo que fortalecia suas cadeias de fornecimento contra os impactos do clima.

---

62 "Rome Statute of the International Criminal Court: Part 2. Jurisdiction, Admissibility and Applicable Law", Tribunal Penal Internacional, 17 de julho de 1998, disponível em: icc-cpi.int/nr/rdonlyres/ea9aeff7-5752-4f84-be94-0a655eb30e16/0/rome_statute_english.pdf; "Definitions: Crimes against Humanity", Escritório das Nações Unidas sobre Previsão de Genocídio e Responsabilidade de Proteger, disponível em: un.org/en/genocideprevention/crimes-against-humanity.shtml.

Os obstáculos legais para evitar que esses casos cheguem a julgamento seriam substanciais. Se, na época, os julgamentos de Nuremberg[63] já foram atípicos para o Direito Internacional, levar os executivos do setor de combustíveis fósseis a julgamento por crimes contra a humanidade pode ser ainda mais insólito. A Royal Dutch Shell tem sede nos Países Baixos e, ao contrário dos Estados Unidos, faz parte do Estatuto de Roma. Para que esses executivos sejam julgados por crimes contra a humanidade, a promotoria do Tribunal Penal Internacional (TPI) precisaria abrir uma investigação para determinar se a justiça nos Países Baixos falhou em responsabilizá-los. Se ficar estabelecido que não, a promotoria pode apresentar a denúncia para o TPI analisar. Outra alternativa seria o próprio governo holandês encaminhar o caso para a corte. Mas muitos países têm leis para crimes contra a humanidade, então um julgamento não precisaria acontecer necessariamente sob os auspícios reconhecidamente morosos do TPI. Os países vulneráveis a eventos climáticos no Sul Global podem apresentar

63 N. de E.: os Julgamentos de Nuremberg ocorreram ao final da Segunda Guerra Mundial, sendo realizados por um tribunal excepcional instalado pelos Aliados, vencedores do conflito, para julgar acusados de crimes de guerra – no caso, oficiais e autoridades derrotados no conflito, sobretudo alemães, muitos dos quais de fato cometeram atrocidades. O que se discute é a legitimidade da instalação desse tribunal ou mesmo se esses julgamentos poderiam ter sido realizados ou mesmo, e talvez isso seja mais pertinente, que os crimes de guerra cometidos pelos vencedores jamais foram sequer cogitados de serem levados a juízo, pela própria natureza do que ali era tratado.

ações contra as empresas estadunidenses e europeias de combustíveis fósseis. As opções são muitas.

Afinal, os julgamentos de Nuremberg foram, em si, um tipo de experimento, em que as forças aliadas efetivamente testaram uma nova doutrina jurídica elaborada para contemplar as atrocidades específicas cometidas pelas forças do Eixo, para as quais não havia arcabouço legal estabelecido. Confrontar as mudanças climáticas – maior ameaça à existência do mundo de que se tem notícia – exigiria não menos criatividade.

E mesmo que não se tenha muita fé em órgãos como o TPI, um esforço para julgar os executivos da indústria de combustíveis fósseis por crimes contra a humanidade canalizaria parte da necessária fúria populista para o 1% responsável pelas mudanças climáticas, transformando-os em *persona non grata* na sociedade respeitável – ainda mais no Congresso dos Estados Unidos e na ONU, onde, hoje, eles desfrutam de amplo acesso.

Conseguir fazer com que pessoas como o CEO da Exxon, Darren Woods, ou o da Shell, Ben van Beurden, se tornem figuras amplamente execradas daria nome e rosto a um problema muitas vezes discutido de forma abstrata.[64] A luta contra as mudanças climáticas tem vilões claros. Já passou da hora de acabar com a reputação deles e submetê-los, pelo menos, ao mesmo nível de escrutínio público que foi enfrentado por CEOs de bancos como Jamie Dimon e Lloyd Blankfein depois

---

[64] É possível encontrar informações sobre Darren Woods e Ben van Beurden nos *sites* corporate.exxonmobile.com e shell.com/about-us, respectivamente.

da crise financeira. No plano ideal, alguns deles chegarão até a ser responsabilizados.

Nenhum desses longos processos burocráticos começará sem uma pressão popular massiva, que pode, ela própria, dar frutos para além das denúncias. Por mais que esses julgamentos empolguem, o trabalho mais urgente a se enfrentar daqui para frente é a descarbonização da economia global. Se, no longo prazo, a esperança está em levar os executivos da indústria dos combustíveis fósseis a julgamento, a jornada até lá precisa tirar essas empresas destrutivas das mãos do poder privado e colocá-las para operar pelo interesse público, e reduzir suas atividades o mais rápido possível, tendo como prioridade máxima a garantia de uma qualidade de vida digna para as comunidades da classe trabalhadora.[65]

Há muito tempo, a crise climática é tratada como um problema a ser resolvido por meio de ajustes tecnoutópicos, confiando a salvação a alguns poucos bilionários, ou de um autossacrifício coletivo – nós contra nós. Ter menos filhos. Comprar produtos orgânicos. Usar menos o carro. Entre todos esses constrangimentos, vale lembrar a bandeira mais persistente do movimento Occupy Wall Street: são 99% contra 1%. Se não fomos nós que criamos aquelas hipotecas de alto risco e não decidimos, por capricho, carregar dívidas estudantis na casa dos seis dígitos, com certeza não fomos nós que assolamos o planeta. Foram eles.

---

[65] Carla Skandier, "Nationalize the Fossil Fuel Industry", *In These Times*, 17 de novembro de 2017.

Seja para evitar que a população de povoados ingleses incomodasse o trabalho de fábricas movidas a moinho d'água ao longo do Tâmisa, seja para cortar os muitos pontos de estrangulamento onde trabalhadores e trabalhadoras poderiam perturbar a mineração e distribuição de carvão, as transições energéticas anteriores, em grande medida, atenderam ao propósito de consolidar o poder e o lucro dos que já eram ricos.

Ao dar nome a nossos inimigos, é possível transcender o mito que opõe trabalho e meio ambiente e coloca as pessoas que se beneficiariam mais dessa transição umas contra as outras. Dividir a população que faz parte dos 99% é o truque favorito e mais eficiente do capitalismo. Afinal, foram os executivos do carvão, durante a Reconstrução dos Estados Unidos[66], que começaram a levar ônibus cheios de fura-greves

---

66 N. de E.: a Era da Reconstrução é o período da história americana que vai de 1863 (ou 1865) até 1877, e corresponde ao período posterior à proclamação do fim da escravidão (1863) ou ao encerramento da Guerra Civil nos Estados Unidos (1865) até o grande acordo de 1877. Depois da guerra civil entre os estados do Norte e do Sul, motivada, sobretudo, pela briga sobre a continuidade ou não da escravidão, as cidades e a infraestrutura nacional dos Estados Unidos estavam destruídas, milhões de pessoas morreram ou ficaram feridas, assim como milhões de negros eram, então, formalmente livres. A "reconstrução", portanto, diz respeito ao processo físico propriamente dito até a questão social. No seu ínterim, setores variados ainda se digladiavam, principalmente a respeito do quão livres deveriam ser os cidadãos negros, o que é marcado, inclusive, pela divisão da classe trabalhadora pela burguesia, a qual opunha trabalhadores negros contra brancos con-

negros – atraídos para o trabalho com falsos pretextos – para enfraquecer a militância trabalhista e a solidariedade entre raças, exercitando a animosidade de mineiros brancos contra possíveis companheiros, em vez de direcioná-la para os patrões que estavam sacaneando os dois grupos. Como dito de forma muito direta por um superintendente da mineração, o objetivo era tornar o problema "uma questão de raça entre mineiros brancos e negros, e não de salários ou condições de trabalho entre as empresas do carvão e seus empregados".[67]

Quem perde com o Green New Deal são as empresas de energia e seus acionistas. E os executivos da atual indústria de combustíveis fósseis defenderão o direito de seu modelo de negócios existir com a mesma perversidade com que tentaram acabar com os sindicatos. Qual é o fato que eles querem esconder a todo custo? É que, com exceção deles, todo mundo vai sair ganhando com a implementação de um Green New Deal radical.

---

forme narrado. A Era da Reconstrução termina com o grande acordo espúrio de 1877, que, se não retoma a escravidão, por outro lado, permite a criação de leis estaduais para segregação e discriminação dos negros, mantendo-os como cidadãos de segunda classe, o que só é resolvido do ponto de vista jurídico nos anos 1960, mas, evidentemente, permanece como uma questão até os dias atuais.

67 *Quintard Taylor, The Forging of a Black Community: Seattle's Central District From* 1870 *through the Civil Rights Era* (University of Washington Press 1994), pp. 27, 68.

Capítulo 2
Greve pela luz do sol

Temos um inimigo poderoso, representado pelo capital dos combustíveis fósseis. Para derrotá-lo, precisamos de um movimento potente de trabalhadores e trabalhadoras que se estruture a partir de práticas com baixa emissão de carbono.

Ao longo da história, o sindicalismo teve papel fundamental no controle do capital e na expansão da oferta de bens públicos. Mas, desde a implantação da legislação ambiental nos anos 1970 nos Estados Unidos, a direita colocou trabalho em oposição ao meio ambiente, acirrando o relacionamento entre dois dos maiores adversários do capital no século XX. A partir daí, a direita passou a ameaçar toda proposta de ação ambiental com a perspectiva da perda de empregos e, ao mesmo tempo, a promover a precarização do trabalho. Infelizmente, essa estratégia tem dado certo. E, paradoxalmente, as políticas antitrabalhistas da direita levam a uma maior dependência do trabalho que se tem e ao aumento da ansiedade com a perspectiva da instabilidade.

As forças progressistas tentam tranquilizar a classe trabalhadora com a garantia de que a proteção do meio ambiente não virá às custas da subsistência dela. O refrão "empregos verdes" vem sendo repetido pela política ambiental há anos e foi uma bandeira importante na campanha de Barack Obama em 2008. Van Jones, assessor do então presidente, argumentava que um programa de criação de empregos verdes poderia contemplar, ao mesmo tempo, as questões das mudanças climáticas, da desigualdade de renda e da desigualdade racial. Mas, no fim das contas, as políticas de Obama nesse sentido acabaram sendo voltadas para financiar a capacitação de trabalhadores e trabalhadoras e implantar um programa eficiente, porém temporário, de climatização de casas.

Passados dez anos, agora a descarbonização terá de ser feita em um ritmo muito mais rápido. A transição pode ser brutal para quem trabalha na indústria de combustíveis fósseis e setores relacionados, mas não precisa ser. A ação de combate às mudanças climáticas não precisa ser sinônimo de perda de empregos, mas sim sinônimo de trabalhos melhores do que se oferece hoje para a maioria das pessoas. No entanto, uma simples capacitação não será suficiente. Para além da reciclagem profissional de alta qualidade e da criação de novos postos de trabalho no setor de energia limpa, uma transição justa para a classe trabalhadora deve transformar o trabalho de forma mais ampla e aumentar o poder de todos os trabalhadores e trabalhadoras com relação aos patrões, oferecendo alternativas reais a empregos ruins e fortalecendo o direito de organização sindical.

Para conquistar tudo isso, é preciso que os próprios trabalhadores e trabalhadoras lutem. Isso significa que será necessário apresentar uma visão de longo prazo que ofereça melhorias materiais em toda a jornada, acumulando forças em cada etapa do processo.

A resolução do Green New Deal vai nessa direção, defendendo capacitação profissional e trabalho sindicalizado de alta qualidade, com salários e benefícios equiparáveis para quem tiver sua profissão afetada. A maior diferença com relação a esquemas anteriores de geração de empregos verdes é a garantia: a ideia de que o governo oferecerá trabalho para todo mundo que quiser. Essa questão é crucial. Ela representa o compromisso de não deixar ninguém para trás em meio à transformação econômica e ao caos climático. Também implica uma melhoria vigorosa na posição dos sindicatos, aumentando a margem de manobra para a negociação, oferecendo opções de desligamento e promovendo um mercado de trabalho mais competitivo, o que possibilita o fortalecimento da luta por transformações ainda mais amplas.

O New Deal original é, ainda hoje, o ponto de referência em termos de proteção e trabalho no setor público nos Estados Unidos. Ele mostra o que acontece quando o governo federal oferece bons empregos e protege os esforços de organização da classe trabalhadora. Hoje, precisamos avançar mais que os programas de estímulo ao emprego do New Deal e empreender uma transição econômica mais profunda.

Isso significa expandir nossa compreensão do que é emprego verde. Há uma tendência de vê-lo como uma atividade diretamente relacionada à produção de energia, seja na melhoria da rede ou na construção de infraestrutura de energia renovável. Mas promover uma economia verde exige transformações mais fundamentais. Nós defendemos a expansão do modelo de trabalhos verdes que já são realizados com baixo nível de emissão de carbono: o cuidado com as pessoas e o planeta. É possível mudar o mundo e zerar as emissões de carbono pelo trabalho, e diversas atividades podem nos ajudar a viver uma vida boa e com baixa emissão. Para vencer nesses aspectos, é preciso poder sindical.

Transições justas

Uma dinâmica familiar se desenvolveu em torno das lutas encampadas para "deixar os combustíveis fósseis debaixo da terra", na qual quem trabalhava na construção dos oleodutos se paramentou contra as organizações indígenas e de combate às mudanças climáticas mobilizadas para impedir as obras. Essas disputas lembram batalhas anteriores, como a dos madeireiros contra a coruja-pintada nos anos 1980, que produziu o *slogan* "você é ambientalista ou trabalha para sobreviver?".[68] Mas essa é uma falsa dicotomia. Como observa a historiadora Trish Kahle, especialista em trabalho, "historicamente, as proteções ambientais e as proteções ao trabalho melhoraram e pioraram

[68] N. de E.: isso diz respeito ao conflito entre ambientalistas e madeireiros, havido entre 1986 e 1990, sobre a inclusão da coruja-pintada (*Strix occidentalis*) na lista de animais em extinção no estado de Washington, o que limitaria a atividade de corte de árvores e extração da madeira. Basicamente, é um exemplo da divisão e polarização entre ambientalistas e trabalhadores, digna de nota em relação a qualquer debate como o desta obra, tendo rendido um *paper* com o mesmo nome da campanha, escrito por Richard White, disponível em: https://www.scielo.br/pdf/topoi/v14n27/1518-3319-topoi-14-27-00475.pdf.

juntas".[69] E, muitas vezes, trabalhadoras e trabalhadores reconhecem que as empresas que tratam o planeta mal, em geral, também tratam mal seus empregados.

Veja o exemplo de quem trabalha em minas de carvão. Em 1968, Kahle lembra, um desastre matou 78 carvoeiros, levando o operário Jock Yablonski a concorrer contra o então presidente do sindicato, Tony Boyle. Yablonski questionou: "De que vale um sindicato que reduz a poeira de carvão nas minas para deixar os mineiros e suas famílias respirarem poluentes no ar, beberem poluentes na água e comerem produtos contaminados?". Ele deu voz a um sentimento que estava cada vez mais forte.

Em 1969, 60 mil mineiros participaram de greves selvagens que tinham demandas relacionadas a segurança, e 70 mil marcharam na capital da Virgínia Ocidental para exigir medidas de proteção contra antracose, lesão pulmonar causada pela inalação constante de micropartículas de carvão. Yablonski perdeu a eleição por pouco e acabou sendo assassinado a mando de Boyle. Com sua morte, um grupo chamado Miners for Democracy (Mineiros pela Democracia) assumiu a luta por proteções à saúde e ao meio ambiente, propondo que carvoeiros que perdessem o emprego em função de novas regulações fossem contratados como trabalhadores sindicalizados para restaurar a infraestrutura e as terras da região.[70]

---

[69] Trish Kahle, "Take on the Fossil Fuel Bosses", *Jacobin*, 14 de março de 2019, disponível em: jacobinmag.com.

[70] Trish Kahle, "Austerity vs. the Planet: The Future of Labor Environmentalism", *Dissent*, primavera de 2016, disponível em: dis-

Mas o poder dessa organização se dissipou quando as gigantes do setor energético compraram as carvoeiras e esmagaram a militância. Desde então, essas empresas afrouxaram as medidas de segurança, e a antracose pulmonar voltou a alcançar índices assombrosos. Mesmo assim, Trump está pronto para reduzir ainda mais a regulação do setor. Empresas gigantescas estão explodindo o cume de montanhas, mas promovem os benefícios do "carvão limpo", apesar de isso não existir.

Enquanto isso, com a expansão da extração nos Estados Unidos, há muito emprego na indústria de petróleo e gás: os postos de trabalho no setor cresceram 60% entre 2004 e 2016, apesar da recessão. Embora menos de 5% das pessoas que atuam na indústria extrativa estivessem sindicalizadas em 2018, a renda de quem não é membro de entidades sindicais também é boa. Existe motivo para haver um ceticismo com relação à lucratividade dos empregos verdes para a classe trabalhadora.

No entanto, uma primeira onda de alianças entre a classe trabalhadora e movimentos ambientalistas construiu as bases para enfrentar esses desafios. Nas décadas de 1970 e 1980, Tony Mazzocchi, dirigente do Sindicato Internacional de Trabalhadores da Indústria Petrolífera, Química e Atômica, defendeu a eliminação gradativa de setores que prejudicam as pessoas que neles atuam, o meio ambiente e a sociedade, adotando, ao mesmo tempo, medidas para garantir o sustento da população. O sindicalista propôs uma versão recuperada da Lei de Readaptação de Veteranos da Segunda Guerra Mun-

---

sentmagazine.org.

dial[71] para quem trabalhava na indústria atômica e ficaria sem emprego com o processo de desarmamento nuclear, além de um Superfundo para trabalhadores e trabalhadoras da indústria de combustíveis fósseis. As propostas de Mazzocchi foram centrais para a ideia de transição justa na qual o Green New Deal se baseia: uma transição econômica que não deixa a classe trabalhadora arcar com os custos, e pela qual ela vai lutar.

Emprego para todos e todas

A garantia de emprego é outra ideia nesse sentido. Ela remete a uma proposta feita por Roosevelt em 1944 para a elaboração de uma segunda Declaração de Direitos, a *Bill* of Rights,[72] conhecida como Declaração de Direitos Econômicos, com o

---

[71] N. de E.: também conhecida como GI Bill, trata-se de uma lei americana de 1944 que instituiu um programa com validade dali até 1956, cujo objetivo era reincorporar os veteranos no mercado de trabalho ou lhes permitir iniciar ou continuar os estudos, tudo para reinserir milhões de jovens que voltaram da guerra muitas vezes feridos e traumatizados e que não teriam espaço na vida civil, uma vez que não se presumia não haver mais a necessidade dos serviços deles nas Forças Armadas pela falta de perspectiva da ocorrência de um confronto do tamanho da Segunda Guerra Mundial no curto prazo.

[72] N. de E.: a *Bill of Rights* original foi a lei de direitos e garantias *individuais* redigida em 1789 e, finalmente, vigente em 1791, diante do silêncio da Constituição Americana sobre o assunto. No caso brasileiro, como é usual no mundo contemporâneo, esse rol de direitos já se encontra na própria Constituição.

objetivo de dar base material para os direitos civis e políticos do documento original. Defendiam-se os direitos a "boa educação", "saúde adequada", "moradia digna", "proteção aos riscos associados à velhice, ao adoecimento, a acidentes e ao desemprego" e um "emprego útil e remunerável nas indústrias, estabelecimentos comerciais, fazendas ou minas da nação".

Até hoje, os objetivos ambiciosos da proposta são uma referência valiosa para a esquerda dos Estados Unidos. Há, contudo, uma incongruência entre os bens a que as pessoas teriam direito segundo essa declaração – saúde, educação – e os trabalhos que elas teriam direito a desempenhar – em minas, comércios e fazendas. E quanto ao trabalho nas escolas e hospitais, que oferecem educação e atendimento de saúde? A incoerência não se limitou de modo algum a Roosevelt. O trabalhador arquetípico é representado por um homem de capacete ou em uma linha de montagem, e não por uma professora, um enfermeiro ou uma assistente social, mesmo que o número de pessoas nessas profissões tenha aumentado.

Duas décadas depois do New Deal, a ideia de uma garantia de emprego esteve no centro da Campanha do Povo Pobre[73]

---

73 N. de E.: a Campanha do Povo Pobre foi uma ampla articulação liderada por Martin Luther King Jr. em 1968 para cobrar a presidência americana, então sob o comando de Lyndon Johnson, para implementar medidas sociais de combate à pobreza e à exclusão social; anos antes Johnson prometera a "Guerra contra a Pobreza" sem muita vontade política e, por conseguinte, com baixo êxito. Luther King se dedicava a isso quando foi assassinado, mas sua obra foi continuada.

liderada por um Martin Luther King cada vez mais radical. Depois da morte de Luther King, a viúva e companheira política do militante, Coretta Scott King, continuou a luta, articulando uma visão mais transformadora de trabalho. Como observa o historiador David Stein, ela queria criar "empregos que atendessem a alguma necessidade humana". A militante deu ênfase à saúde, à educação e à qualidade de vida, acima de empregos "criados com a motivação do lucro".[74]

O desejo de Coretta Scott King não se realizou. Em vez de garantir um trabalho significativo para pessoas sem emprego fixo, o Estado encarcerou milhões e tratou essa população como "excedente" para as necessidades do capitalismo. Como mostra Ruth Wilson Gilmore, quando o crescimento econômico começou a cambalear nos anos 1960, os capitalistas e proprietários de imóveis se revoltaram contra o peso dos tributos que pagavam. O Estado perdeu seus dispositivos de bem-estar, mas ainda tinha dinheiro e capacidade, e utilizou esses recursos para construir prisões, em vez de erguer escolas e equipamentos públicos. Gilmore é clara: "a construção de presídios não foi e não é uma consequência inevitável".[75] Foi uma escolha política. Nós podemos – e devemos – fazer uma escolha diferente hoje.

---

[74] David Stein, "Why Coretta Scott King Fought for a Job Guarantee", *Boston Review*, 17 de maio de 2017.

[75] Ruth Wilson Gilmore, *Golden Gulag: Prisons, Surplus, Crisis, and Opposition in Globalizing California* (University of California Press 2007), p. 88.

Embora Donald Trump se vanglorie do próprio sucesso na geração de empregos, estima-se que 16 milhões de pessoas estejam desempregadas ou em subempregos nos Estados Unidos. A economista Pavlina Tcherneva sugere que, em 2017, entre 11 e 16 milhões de pessoas teriam se beneficiado de uma garantia de emprego.[76] Mas que tipo de atividade elas teriam?

Com um Green New Deal radical, essa garantia ofereceria empregos com valor social e que produzem baixa emissão de carbono – e não há escassez desse tipo de posto. Todo dia, nos Estados Unidos, milhões de horas são dedicadas a trabalhos não remunerados em bancos de alimentos e asilos, incluindo por ordem judicial, atividades escolares e prestação de serviços como condição para receber benefícios sociais, no chamado esquema de *workfare*. Só nos parques nacionais do país, mais de 315 mil pessoas trabalham como voluntárias, enquanto apenas 23 mil são remuneradas.[77] Há outros trabalhos de cuidado ecológico essenciais que simplesmente não estão sendo feitos. Não precisamos criar atividades, mas apenas pagar pelas que já existem.

A questão econômica que se coloca é se esse trabalho pode ser lucrativo. Reconhecemos que, em grande parte, não. Com

---

[76] Pavlina R. Tcherneva, "The Job Guarantee: Design, Jobs, and Implementation", Working Paper N. 902, Levy Economics Institute, 2018, p. 33.

[77] National Park Service FAQs, disponível em: nps.gov/aboutus/faqs.htm; National Park Service Budget Justifications 2019, disponível em: nps.gov/aboutus/upload/FY2019-NPS-Budget-Justification.pdf.

o tempo, promover um trabalho socialmente útil e significativo vai exigir um rompimento com o capitalismo. Podemos começar com a expansão acelerada dos postos voltados fundamentalmente para o atendimento de necessidades humanas e ecológicas, não para o aumento do lucro.

Às vezes, quem defende a garantia de emprego reitera aos críticos que a medida seria um complemento ou um estímulo para o trabalho no setor privado, em vez de competir diretamente com ele e substituí-lo. Mas, sinceramente, algumas categorias precisam mesmo ser substituídas. "Você não se espantará, como eu", questionou o socialista William Morris, "diante da ideia da massa de coisas que ninguém em sã consciência desejaria, mas que nosso esforço inútil produz – e vende?". O trabalho que valeria a pena ser realizado, segundo pensava Morris, tinha a "esperança do descanso, a esperança do produto, a esperança do prazer no trabalho em si". Devemos substituir as atividades que não oferecem nada disso – dobrar roupa na H&M e fritar hambúrguer produzido com gado criado em confinamento –, principalmente quando esse modelo de negócios se sustenta na destruição do planeta. A garantia de emprego ofereceria opções para as pessoas abandonarem seus empregos social e ambientalmente prejudiciais, e fortaleceria a posição de trabalhadores e trabalhadoras organizados no setor privado.

Ter um trabalho de merda também afeta a sua alma. A grande escritora modernista Virginia Woolf ganhou a vida com ocupações estranhas que estavam disponíveis para as mulheres na época – nas palavras dela, "endereçando envelopes, lendo para senhoras idosas, fazendo flores artificiais, ensinando o á-bê-cê para crianças do jardim da infância". Eram atividades enfadonhas e, em geral, mal remuneradas. "Mas o que persistia comigo", a autora lembrou adiante, "é o veneno do medo e da amargura que aqueles dias deixaram em mim". Mais tarde, ela herdou quinhentas libras por ano de uma tia que morreu em uma queda de cavalo em Mumbai. Não era uma fortuna: atualizado, o valor representaria cerca de 40 mil dólares hoje, um pouco acima da renda individual média nos Estados Unidos. Mas foi o suficiente para libertá-la. "acompanhe sob o sol da primavera", escreveu, "o corretor de valores e o advogado entrarem porta adentro para ganhar dinheiro, mais dinheiro e mais dinheiro quando a verdade é que quinhentas libras por ano mantêm uma pessoa viva neste mundo".[78]

Uma herança colonial não é algo a se almejar. Mas a liberdade que Woolf sentiu deveria estar disponível para todas as pessoas, e é isso que a garantia de emprego pode oferecer. Nos anos 1930, Lula Gordon, mulher negra que morava em San Antonio, escreveu a Roosevelt: "Entendi que o governo ou a WPA [Works Progress Administration (Administração de Pro-

---

[78] N. de E.: os trechos acima são do ensaio A *Room of One's Own* (*Um teto todo seu*, no Brasil, ou *Um quarto só para si*, na tradução lusitana) da escritora britânica Virgina Woolf, publicado originalmente em 1929. Esse ensaio nasceu de uma série de palestras que ela ministrou, no ano anterior à sua publicação, sobre os desafios da mulher escritora – e é considerado um dos textos mais influentes sobre o movimento feminista e LGBTQ+ de toda a história da literatura. Os trechos acima constam da tradução brasileira da obra, publicada pela editora Tordesilhas, de autoria de Bia Nunes de Sousa.

gresso de Obras), depois renomeada Work Project Administration (Administração de Projetos de Obra) agência de criação de empregos da era New Deal[79]] daria trabalho a beneficiários do programa de auxílio que tivessem condições físicas. Tenho orado para essa hora chegar... Eu me candidatei a um emprego no governo e, quando abrir, quero assumir a vaga". Gordon havia trabalhado por muito tempo como empregada doméstica e recebeu uma oferta para trabalhar limpando a casa de uma mulher branca. Sem outras opções, escreveu: "Preciso aceitar o trabalho na casa de família, senão não tenho nada". Mas ela tinha esperança de que algo apareceria. "Por favor, deem-me trabalho", conclui a carta.[80] Um emprego no governo seria

---

[79] N. de E.: essa agência sucedeu à *Federal Emergency Relief Administration* (Administração Federal de Assistência Emergencial) – Fera, criada em 1933 e dissolvida em 1935, e visava gerar obras e empregos para os milhões de excluídos pela Grande Depressão, além de lhes prover seguridade social. A WPA nasceu com a divisão da Fera: enquanto a WPA ficou responsável pela geração de empregos e obras, absorvendo a Administração de Obras Civis (CWA na sigla em inglês, que funcionava como uma agência menor da Fera) e algumas outras iniciativas que iam além das obras públicas, a seguridade social passou a ter sua própria agência em separado. A WPA durou até 1943, quando a indústria bélica, em virtude da Segunda Guerra Mundial, passou a absorver a mão de obra e a "resolver" o problema econômico.

[80] Citado em Evelyn Nakano Glenn, "From Servitude to Service Work: Historical Continuities in the Racial Division of Paid Reproductive Labor", *Signs*, 19:1-43 (1992), p. 13; originalmente

uma alternativa à dominação íntima e racializada que normalmente se dá na servidão doméstica.

Os patrões sabem disso também. Durante o New Deal, os políticos do sul dos Estados Unidos protestaram que os salários oferecidos pela Administração de Obras Civis[81] eram muito altos. A agricultura na região dependia da mão de obra negra que arava a terra por cinco centavos a hora – trabalho que não fariam se o governo federal pagasse quarenta. De fato, há muito tempo, os empregos no setor público representam uma forma importante de combate à discriminação racial que faz com que pessoas negras e outros grupos não brancos sejam os últimos a serem contratados e os primeiros a serem demitidos. A garantia de emprego pode ajudar a enfrentar os imensos obstáculos que impedem pessoas egressas do sistema prisional de encontrar empregos dignos. E ajudaria a reduzir a exposição a abuso nas famílias e lares, violência a que estão mais propensas mulheres e pessoas LGBTQ+.

A dominação do ambiente de trabalho ainda faz com que a maioria de nós não tenha liberdade. Chefes desdenham e assediam sexualmente, negam o direito a pausas para ir ao banheiro e tirar férias, roubam salários e levam trabalhadores e trabalhadoras à exaustão. É essencial oferecer alternativas reais.

---

em Julia Kirk Blackwelder, *Women of the Depression: Caste and Culture* 1929-1939 (Texas A&M 1984), pp. 68-9.

81 N. de E.: era uma agência sob o controle da Fera que visava, especificamente, a criação de obras públicas para estimular a economia gerando empregos. Ela acabou sendo absorvida pela WPA em 1935.

Somente com a ameaça de se demitir e ir embora a classe trabalhadora conseguirá acumular forças para contra-atacar.

Construindo um mundo novo

Para descarbonizar, precisamos reestruturar tudo, desde a forma como viajamos até os lugares onde moramos. Isso implica uma quantidade imensa de trabalho: adaptar milhões de construções que já existem e erguer milhões de unidades de habitação social com emissão zero de carbono, introduzir uma rede inteligente de dimensões continentais e instalar imensas redes de ferrovias, entre outras tarefas. A direita ridiculariza a defesa da resolução do Green New Deal de "adaptar todas as construções existentes nos Estados Unidos" e reconstruir a infraestrutura do país, alegando que é uma proposta "maluca", "nada séria" e "irreal". Mas de onde eles acham que vieram as rodovias?

O New Deal é conhecido pelas obras públicas que executou. Os operários contratados pela Administração de Progresso de Obras construíram mais de um milhão de quilômetros de rodovias e 124 mil pontes, incluindo a Ponte da Baía de São Francisco-Oakland e o Lincoln Tunnel. Eles ergueram 125 mil prédios públicos, incluindo 41.300 escolas e 469 aeroportos. Construíram 8 mil parques e 18 mil parquinhos infantis e quadras esportivas e instalaram um sistema de energia elétrica interestadual por meio da Tennessee Valley Authority (TVA, na sigla inglesa, Autoridade do Vale do Tennesse).[82]

---

[82] Michael Hiltzik, *The New Deal: A Modern History* (Free Press 2011), p. 421.

Hoje, a necessidade de expansão está menos nas rodovias e mais nas ferrovias, menos nos aeroportos e mais nos terminais de ônibus. Deveríamos desmantelar as torres de perfuração e os oleodutos. Mas a escala e a ambição dessas obras famosas nos lembram o que é possível fazer.

Muitas vezes, as discussões sobre esse tipo de expansão não apenas invocam o New Deal, mas também uma "mobilização de tempos de guerra", o aumento drástico na capacidade industrial no período que antecedeu a entrada dos Estados Unidos na Segunda Guerra Mundial. O autor e ambientalista Bill McKibben se inspira na "reorganização industrial abrangente que foi necessária para produzir armas e abastecer tropas em escala inédita", argumentando que, hoje, precisamos "construir uma imensidão de fábricas para produzir milhares de hectares de painéis solares e turbinas eólicas do tamanho de campos de futebol e milhões e milhões de carros e ônibus elétricos".[83] Esses projetos são necessários – em que pese que sugerimos mais ônibus e menos carros – e gerarão milhares de empregos para quem trabalha hoje nas indústrias extrativas.

O líder do Partido Trabalhista do Reino Unido, Jeremy Corbyn, ecoou as ideias do dirigente sindical Mazzocchi ao defender um instrumento comparável à Lei de Readaptação de Veteranos que "garanta reciclagem profissional a todas as pessoas que trabalham no setor energético, novos postos com condições e termos equivalentes garantidos em acordos coletivos, com apoio total às necessidades de renda e mora-

[83] Bill McKibben, "A World at War", *New Republic*, 18 de agosto de 2016.

dia delas durante toda a transição".[84] Nós poderíamos fazer a mesma coisa.

Mas construir painéis solares e turbinas eólicas é uma estratégia de transição, não o modelo de uma nova economia. Não podemos simplesmente reforçar a produção de tecnologia "verde" por tempo indefinido. Precisamos de um plano para a próxima etapa. Depois da Segunda Guerra Mundial, a capacidade produtiva expandida foi devolvida aos capitalistas e se voltou para a produção em massa de bens de consumo, com consequências ambientais desastrosas. E, não obstante o fim da guerra, o keynesianismo militarista não acabou: os gastos militares ainda são uma grande fonte de emprego e estímulo econômico. Mas não precisamos construir painéis solares para sempre, e com certeza não precisamos de mais nenhum projeto militar bilionário desnecessário. Uma necessidade real é imprimir todos os esforços possíveis, por uma ou duas décadas, na construção de um mundo que vai resistir – um mundo de coisas funcionais e belas, de natureza restaurada e luxo comunal. E aí precisaremos viver nele.

Criando uma vida

Que tipo de trabalho é necessário para se viver bem? A resolução do Green New Deal de Alexandria Ocasio-Cortez e Ed Markey defende "saúde de alta qualidade; moradia adequada, segura e acessível; segurança econômica; água limpa, ar limpo,

---

[84] John McDonnell, "A Green New Deal for the UK", *Jacobin*, 30 de maio de 2019, disponível em: jacobinmag.com.

alimentação acessível e saudável; e acesso à natureza". Tanto republicanos quanto puristas da luta climática ridicularizaram a proposta: o que saúde e moradia têm a ver com mudança climática? Isso tudo não seria só a "lista de desejos socialistas"?

Na verdade, a resolução acertou em cheio. Essas pautas não são complementos ao verdadeiro programa climático de produção de energia limpa, mas sim elementos essenciais para uma nova economia. Precisamos de mais trabalho orientado para a sustentação e melhoria da vida, humana e não humana, com baixa emissão de carbono. É claro, hospitais e escolas precisam operar com energia limpa, mas cuidado, saúde e educação são atividades que inerentemente emitem pouco carbono.

Muitas vezes, o New Deal é visto como um programa keynesiano pensado para revigorar a produção. Mas, como argumentam os historiadores Salar Mohandesi e Emma Teitelman, também foi um programa elaborado para a reprodução social.[85] Em meio ao colapso da economia mundial, milhões lutavam para sobreviver: começaram a surgir favelas, e a mortalidade infantil teve um crescimento vertiginoso, assim como o aumento nos índices de doenças e suicídio.

O governo federal ofereceu apoio na forma de auxílio direto e geração de novos postos de trabalho por meio de uma variedade de agências. Entre as primeiras categorias contratadas pela Fera estavam professores e professoras, para trabalhar nas pré-escolas emergenciais e ministrar aulas para adultos em to-

---

85 Salar Mohandesi e Emma Teitelman, "Without Reserves", in Tithi Bhattacharya (ed.), *Social Reproduction Theory* (Pluto Press 2017).

das as áreas, da alfabetização básica à educação em geral. Outros trabalhos criados no programa de auxílio foram pensados especificamente para a qualificação de pessoas desempregadas: quem tinha formação em estatística ajudava hospitais com o estudo de doenças; quem conhecia técnicas de encadernação ajudava bibliotecas a restaurar livros; aquelas com formação em História catalogavam edificações importantes.

Como escreveu o escultor Gutzon Borglum, a meta da Administração de Obras Civis era "tornar nossas cidades mais habitáveis, nossas escolas mais agradáveis e nossos parquinhos infantis e parques um orgulho e uma alegria".[86] Assim como as tarefas de ensino e cuidado, a restauração de livros e a catalogação de edificações também podem ser realizadas sem emissão de carbono. Nesse espírito, Tcherneva defende a elaboração de um programa de garantia de emprego que seja uma "Lei de Cuidado Nacional", centrada em trabalhos que ofereçam cuidado para o meio ambiente e a comunidade – por exemplo, organizando atividades extracurriculares, hortas comunitárias e centros de compostagem.[87]

A partir dessa perspectiva, propostas que tratem de saúde universal e educação superior pública gratuita, como os programas Medicare for All e College for All,[88] não desviam a

---

86 Citado em Nick Taylor, *American-Made: The Enduring Legacy of the WPA: When FDR Put the Nation to Work* (Bantam 2008), p. 127.

87 Tcherneva, "The Job Guarantee".

88 N. de E.: sobre o Medicare for All (Cuidados Médicos para Todos) ver nota 19; já o College for All (Universidade para Todos) é uma proposta de programa feita pelo senador Bernie Sanders, que fez

atenção da descarbonização, mas fazem parte de um projeto mais amplo para promover boas condições de vida.

As universidades públicas já são as maiores empregadoras em nove estados dos Estados Unidos. Em outros onze, são os hospitais. Uma expansão acelerada da educação superior pública, em escala equiparável com a que houve nos anos 1960, possibilitaria a um número maior de pessoas continuar os estudos sem ter que assumir uma dívida capaz de destruir a própria vida. Também significaria um volume enorme de novos postos de trabalho, não só na educação e na pesquisa, mas também em trabalhos essenciais de manutenção e limpeza, alimentação e administração.

De forma semelhante, o Medicare for All poderia representar a expansão do trabalho financiado pelo Estado e, assim, melhorias significativas no atendimento de saúde. Os hospitais privados garantem seus lucros da mesma forma que qualquer outra empresa: espremendo mais uma quantidade menor de trabalhadores e trabalhadoras. Isso piora o resultado do serviço para as pessoas atendidas, como há muito tempo vem sendo destacado por profissionais da saúde. E o impacto da crise na saúde e no trabalho de cuidado é mais sentido por pacientes vulneráveis: o índice de mortalidade na gravidez e no parto é 3,5 vezes maior entre gestantes negras na comparação com pessoas brancas, por exemplo, e bebês negros têm duas vezes mais chance de morrer que bebês brancos. É pre-

---

parte de seu programa eleitoral nas duas vezes que disputou, sem sucesso, a indicação do Partido Democrata para a disputa presidencial, mas segue como proposta de seu mandato.

ciso garantir o atendimento pré e pós-natal para novos pais e mães, independentemente de raça ou classe.

Enquanto isso, com um serviço de creche financiado pelo governo federal, haveria empregos com salários maiores e todo mundo teria mais tempo livre – e não só para ir a outro trabalho. Para parafrasear a feminista marxista Silvia Federici, toda mãe já tem um trabalho, e deve ter tempo para si própria também.[89] Todo mundo deveria ter acesso a atendimento psicológico e psiquiátrico de qualidade, como fica evidente com a atual crise na saúde mental – uma crise que deve explodir ainda mais com o aumento no número de pessoas que assistirão a suas casas pegando fogo ou seus vizinhos morrendo em um furacão. Transformar a saúde em bem público também possibilitaria que as pessoas escolhessem um trabalho com valor social e ecológico sem se preocupar em perder benefícios. E oferecer serviço e atendimento público de vários tipos reduziria a carga do trabalho de cuidado não remunerado que ainda recai sobre as mulheres, principalmente da classe trabalhadora.

A crise na saúde só vai se intensificar com o envelhecimento do país. Até 2030, toda a geração *boomer* – nascida entre meados dos anos 1940 e 1960 – terá atingido idade de se aposentar. Podemos estar caminhando para uma catástrofe econômica e social, com a demanda de uma população por atendimento de longo prazo, mas sem recursos para arcar com o serviço. Com um Green New Deal, podemos garantir bom

---

89 Silvia Federici e Jill Richards, "Every Woman Is a Working Woman: Silvia Federici interviewed by Jill Richards", *Boston Review*, 19 de dezembro de 2018, disponível em: bostonreview.net.

atendimento para o número cada vez maior de pessoas idosas, criando um elo entre o bem-estar das gerações mais novas, que estão diante das mudanças climáticas, e o das mais velhas que se confrontam com a crise do cuidado.

O trabalho de cuidado pode ser gratificante, mas também muito enfadonho, doloroso para a mente e extenuante para o corpo. É trabalho mesmo, por mais que a palavra "cuidado" pareça bacana. Também é uma atividade com uma marca muito forte de gênero e raça. A grande maioria das cuidadoras é mulher. Um quarto das cuidadoras que atuam nos Estados Unidos é imigrante, muitas vezes sem documentos. A regulação desse trabalho é desigual, e os salários, baixos demais. Mas não é uma atividade menos crucial para o bem-estar social e ecológico que a instalação de painéis solares. Melhor remuneração e reconhecimento social são elementos fundamentais tanto para a construção de uma economia sem carbono quanto para atacar a divisão do trabalho que relega às mulheres e pessoas não brancas os trabalhos mais mal remunerados e com menor prestígio.

Cuidando do planeta

Precisamos cuidar uns dos outros. O colapso do clima também exige que cuidemos melhor do planeta em que vivemos.

O exemplo mais famoso de um programa de geração de empregos de orientação ambientalista foi o Corpo Civil de Conservação (CCC). No auge, o projeto empregava mais de meio milhão de homens – e somente homens – de uma só vez. No total, entre 1933 e 1941, foram mais de 3 milhões de postos de trabalho abertos. Os membros do programa preveniam e combatiam incêndios florestais, conduziam o controle de enchentes, faziam o atendimento de emergência em casos de desastre, atuavam na conservação do solo e no auxílio à vida silvestre. Eles construíram equipamentos recreativos – chalés, mesas de piquenique, anfiteatros e milhares de quilômetros de trilhas para caminhada, com o princípio de que "o Tio Sam quer que todo trabalhador tenha o descanso e o relaxamento necessário para voltar para o trabalho com o dobro de eficiência" (Concordamos só com a parte do descanso e relaxamento). O salário oferecido era mais baixo que a remuneração padrão de categorias sindicalizadas, e os participantes moravam em tendas e tinham longas jornadas de trabalho. Como outros programas de emprego do New Deal, a condição era temporária.

Muitos daqueles elementos persistem no CCC em sua versão atual, o Corpo de Conservação da Califórnia. O programa oferece vagas de um ano para habitantes do estado entre 18 e 25 anos, promovendo o lema "muito trabalho, pouco dinheiro, péssimas condições e muito mais!". Tanto o programa original quanto o contemporâneo tratam a conservação como uma atividade que um jovem podem fazer por um ou dois anos e depois seguir com uma carreira de verdade. Mas por que pressupor que o cuidado com nosso planeta seja um trabalho executado em longas jornadas, com baixa remuneração e abnegação? Por que deveria ser uma coisa que você só faz pela experiência ou como uma etapa intermediária, para depois chegar a um emprego mais fixo? Devemos tratar esses empregos como trabalho de verdade, que se faz enquanto se vive uma vida de verdade.

Uma versão renovada e permanente do CCC poderia levar à criação de novas trilhas para caminhada e reservas em zonas rurais, e também fazer mais pelo cuidado do próprio ecossistema. Um novo CCC poderia restaurar regiões que foram danificadas pela produção industrial, como as centenas de áreas contaminadas previstas na Lei de Resposta, Compensação e Responsabilidade Ambiental Abrangente, conhecida como Superfund,[90] que estão só esperando uma limpeza. Em estados como a Virgínia Ocidental e Wyoming, antigas empresas carvoeiras poderiam transformar minas de carvão abandonadas em parques nacionais dedicados à história do trabalho e do meio ambiente. Nas cidades, esse CCC poderia contratar pessoas para plantar árvores e hortas em meio aos quilômetros de concreto, melhorando a qualidade de vida e, ao mesmo tempo, absorvendo carbono e mantendo a temperatura mais amena para suportar as ondas de calor que virão.

O CCC original contratou cerca de 15 mil pessoas indígenas nos primeiros seis meses de programa, chegando a 85 mil no total, além de apoiar a autodeterminação dos povos. Uma versão atualizada do projeto poderia combinar isso com um novo programa de promoção da soberania e do controle das comunidades sobre as terras indígenas. Também é necessário se apoiar no conhecimento das comunidades tradicionais, bus-

---

90 N. de E.: trata-se do Comprehensive Environmental Response, Compensation, and Liability Act de 1980, conhecida pela sigla inglesa (Cercla), a qual regulamenta políticas de saneamento ambiental de zonas contaminadas sob o guarda-chuva da Agência de Proteção Ambiental (EPA).

cando nelas a liderança para a restauração e o cuidado com o meio ambiente. O acadêmico indígena Nick Estes, por exemplo, descreve a atuação do movimento dos guardiões das águas da Reserva de Standing Rock como "*trabalho* para proteger a terra e a água".[91]

Nós acolhemos a defesa da organização de resistência indígena The Red Nation (Nação Vermelha) por um Red Deal, que inclua a tarefa de cuidado com as espécies, a restauração da terra, das águas, do ar e dos animais e o cumprimento de direitos garantidos em tratados, entre outras demandas por justiça social e ambiental.[92] Também podemos nos inspirar nos programas de contratação de trabalhadores e trabalhadoras indígenas para o manejo da terra implantados na Austrália em anos recentes, o que trouxe imensos benefícios, tanto sociais quanto ecológicos.

Os ecossistemas trabalham muito para manter nosso planeta um lugar habitável. Em troca, precisamos empenhar ainda mais trabalho para mantê-los vivos e prósperos. A restauração e a refaunação podem ajudar a absorver uma imensa quantidade de carbono: as plantas absorvem dióxido de carbono e utilizam a luz do sol para alimentar raízes, folhas e galhos. As pradarias são excelentes sumidouros de carbono, e armazenam

---

91 Nick Estes, *Our History Is the Future: Standing Rock versus the Dakota Access Pipeline and the Long Tradition of Indigenous Resistance* (Verso 2019), p. 49.

92 The Red Nation, "Call to Action: The Red Deal, Indigenous Action to Save Our Earth, June 19-20", disponível em: therednation.org.

grandes volumes do elemento nas raízes profundas de suas gramíneas. Mas grande parte desse ecossistema nos Estados Unidos foi transformado em curral de engorda de gado, descarregando gases do efeito estufa no ar na forma de – isso mesmo – arroto de vaca. Restaurar as paisagens deslumbrantes das Grandes Planícies também reduziria as emissões de carbono.

Mesmo assim, o carbono que já foi emitido vai continuar provocando estrago por muito tempo. A ocorrência de incêndios, enchentes, tornados e ondas de calor vai aumentar. Precisaremos de mais gente treinada para responder a esses eventos, capacitada para guiar evacuações em grande escala e, em alguns casos, conduzir deslocamentos forçados de longa duração (Atualmente, a população carcerária representa um terço do contingente de combate a incêndios na Califórnia; em 2018, cerca de 1.700 pessoas encarceradas receberam um dólar por hora para combater os incêndios fatais que assolaram o estado. Mas, quando saem da cadeia, muitas não conseguem emprego para atuar nessa mesma área).[93] Precisaremos de profissionais com capacitação para reconstruir casas e bairros, e assistentes sociais e terapeutas para ajudar as pessoas a colocar a vida de volta nos eixos.

Um ecossistema saudável também protege as comunidades humanas de eventos climáticos extremos. No sudeste da Louisiana, as áreas úmidas costeiras estão sofrendo uma erosão rápida, resultado de um sistema de represas que obstrui o

---

[93] Annika Neklason, "California Is Running Out of Inmates to Fight Its Fires", *Atlantic*, 7 de dezembro de 2017, disponível em: theatlantic.com.

delta do rio Mississippi e da atividade intensiva de exploração de combustíveis fósseis no litoral do estado. Se as tendências atuais continuarem, um terço da área costeira que existe hoje terá desaparecido até 2050. Milhares de quilômetros de ecossistemas de terras úmidas onde vivem centenas de espécies se perderão no Golfo do México e mais de 2 milhões de pessoas serão forçados a migrar. Nova Orleans ficaria sensivelmente mais vulnerável a furacões e inundações, ameaçando a sobrevivência da cidade. Em contrapartida, restaurar essa região poderia levar à contratação de milhares de pessoas que trabalhavam na indústria de combustíveis fósseis para desmontar os quilômetros de oleodutos que entrecortam os pântanos ameaçados e plantar uma nova vegetação.

Nosso atual sistema agrícola não se preocupa muito com o planeta, e isso precisa mudar. A agricultura dos Estados Unidos foi desenvolvida para produzir o máximo possível no menor tempo possível com o mínimo possível de mão de obra em fazendas organizadas como fábricas, de propriedade de "agricultores familiares" gigantescos que trabalham em conjunto com o agronegócio para extrair o máximo que conseguem da terra e do trabalho, a um alto custo para os dois.

Uma agricultura melhor, que adote uma variedade de técnicas de sequestro de carbono e entenda o sistema alimentar como uma coisa integrada em ecossistemas mais amplos, envolveria um trabalho humano maior – e humanizado – perto do solo: a poda cuidadosa de pomares, a atenção a um rebanho exíguo que se alimentará das sobras do plantio e fornecerá um fertilizante natural, e o cultivo de plantas que deem sustento a insetos que polinizam lavouras e alimentam aves e sapos. Também significaria adotar sistemas de irrigação melhores com menor uso de água em contexto de escassez e fazer adaptações flexíveis a eventos climáticos extremos.

As condições do trabalho no campo também precisam melhorar. Muitas vezes, são atividades extenuantes, e as pessoas que as realizam estão entre as mais exploradas dos Estados Unidos. Cerca de dois terços são imigrantes, a maioria vinda do México e de outros países da América Central, onde o setor agrícola foi solapado por políticas comerciais dos Estados Unidos. Estima-se que metade não tenha documentos regularizados, deixando essa população à mercê de patrões intransigentes.

Os salários são extremamente baixos, para manter o preço dos alimentos em níveis que outros trabalhadores e trabalhadoras consigam pagar para sobreviver com remunerações mais baixas. Isso significa que o aumento dos salários no campo está intrinsecamente ligado ao aumento dos salários de outras categorias de modo mais amplo.[94] O apoio federal a uma agricultura sustentável que promova o sequestro de carbono também pode ajudar no enfrentamento à pobreza endêmica nas comunidades rurais. E mesmo que o trabalho no campo seja sempre árduo, ele não precisa ser ingrato.

Tempo para o que queremos

Redefinir o que é trabalho é crucial, mas reduzi-lo também. Essa é uma demanda antiga do sindicalismo, que encampou

---

[94] Raj Patel and Jim Goodman, "A Green New Deal for Agriculture", *Jacobin*, 4 de abril de 2019, disponível em: jacobinmag.com.

as famosas lutas pela jornada de oito horas e folga aos fins de semana. No início do século XX, o dirigente sindical William Green via como iminente "o nascer de uma nova era: lazer para todos".

Até mesmo alguns capitalistas apoiavam a ideia das jornadas mais curtas. Afinal, os trabalhadores precisavam de tempo para consumir os bens que produziam. Mas, na época, o economista da Universidade de Harvard Thomas Nixon Carver alertou que

> não há motivo para acreditar que ter mais tempo de lazer aumentaria o desejo por bens. É bem possível que o tempo de lazer seja usado para cultivar as artes e as graças da vida, em visitas a museus, bibliotecas e galerias de arte, ou em caminhadas, jogos e divertimentos econômicos que "reduziriam a demanda pelos produtos das nossas indústrias que pagam os salários".[95] O truque era não deixar o lazer chegar longe demais. O descanso jamais poderia substituir o trabalho e o consumo como elementos centrais da vida.

Nos primórdios do New Deal, a secretária do Trabalho dos Estados Unidos, Frances Perkins, apoiou a adoção de uma jornada semanal de trinta horas. Mas, quando as empresas reclamaram, definiu-se que o "emprego de tempo integral" teria jornada de quarenta horas semanais. Mais tarde, a produção para o período da guerra sedimentou uma jornada mais longa.

---

95 Benjamin Hunnicutt, *Free Time: The Forgotten American Dream* (Temple University Press 2013), p. 114.

Por fim, a decisão de estimular o consumo em vez de promover o tempo de lazer foi uma forma de evitar o aprofundamento de mudanças estruturais, para crescer o bolo em vez de perguntar quem estava comendo a maior parte dele. As consequências ambientais disso são calamitosas. Hoje, a jornada padrão ainda é de quarenta horas semanais, embora esteja mais difícil encontrar um trabalho em tempo integral. E com a estagnação dos salários, trabalhar quarenta horas muitas vezes não é suficiente para pagar as contas. "Um emprego deveria ser suficiente": a bandeira da greve nos hotéis e mercados expressa a exaustão da classe de ter que se virar entre vários trabalhos parciais mal remunerados.

Mas sob um Green New Deal radical, com o aumento da eficiência e da automação controlada pelo povo, e não pelos patrões, seria possível atender às necessidades de todo mundo com jornadas muito mais curtas que as atuais – e é o que deveríamos fazer. Há uma profusão de estudos que mostram que uma jornada de trabalho menor reduz a pegada de carbono. Quanto menor, melhor. Para reduzir as emissões de carbono, precisamos trabalhar menos e dividir o trabalho que restar de forma mais justa.

Isso faria com que as pessoas tivessem tempo para ir ao teatro ou ao cinema, ao clube ou ao bar, para ler ou pintar, ou se tornar uma sensação clandestina do *hip hop*. Com mais tempo livre, podemos aprender a fazer coisas novas: aulas de surfe com financiamento público, ou finalmente estudar uma língua nova. Podemos apreciar a arte e a cultura criada por pessoas contratadas por programas que seguem o modelo da Administração de Progresso de Obras, que financiou o florescimento da produção cultural, principalmente da classe trabalhadora racializada. Cantores, cantoras, atores e atrizes se apresentavam para comunidades em todo o país, em vez de se restringirem ao público rico, enquanto o Conselho de Artesanato Indígena celebrava as tradições da arte dos povos originários. O financiamento das artes pelo New Deal fortaleceu o Renascimento do Harlem. Também ajudou a lançar a carreira de Paul Robeson, o grande ator e cantor comunista negro, e grandes nomes do expressionismo abstrato, como Jackson Pollock e Mark Rothko, ambos contratados pela Administração de Progresso de Obras. É isso que chamamos de economia criativa.

O lazer livre de carbono não está somente nos passatempos saudáveis, como caminhar e fazer jardinagem. Temos também uma forte crença no hedonismo ecológico. Que tenhamos tempo para fazer jantares longos com pessoas queridas e muito vinho orgânico; sair em aventuras ao ar livre, que ficam ainda melhores com maconha legalizada, produzida e colhida por trabalhadores e trabalhadoras rurais bem-pagos; e para nadar sem roupa em lagos que refletem a lua e a luz das estrelas.

Do poder do carvão ao poder sindical

Nada disso será possível sem revitalizar a militância sindical. O poder dos trabalhadores e das trabalhadoras sempre veio da capacidade de interromper a normalidade. Mais do que nunca, precisamos hoje desse poder, porque a normalidade está ameaçando a vida na Terra. A organização sindical também pode mobilizar as comunidades populares, construindo movimentos fortes, sem aceitar as divisões que o patrão tenta criar entre classe trabalhadora e população.

No passado, as coalizões entre ambientalistas e sindicatos se concentraram na indústria extrativa. Mas uma coalizão por um Green New Deal lutaria para melhorar a vida da classe trabalhadora no sentido mais amplo. Não é só questão de princípio: uma transição justa que se limite a transferir homens de uma plataforma de petróleo para turbinas eólicas não conseguirá agregar um número suficiente de trabalhadores e trabalhadoras para a luta pelo Green New Deal para conseguir vencer. Existem apenas cerca de 50 mil carvoeiros hoje nos Estados Unidos e cerca de 1,4 milhões de pessoas trabalhando no setor de petróleo e gás. É muita gente, e todas merecem ter um bom emprego depois que as indústrias delas forem abolidas. Mas elas não representam a totalidade do movimento de trabalhadores e trabalhadoras, nem de longe.

Na comparação, existem hoje 18 milhões de profissionais da saúde e 3,6 milhões de professores e professoras, que já exercem atividades de baixa emissão de carbono. Essas pessoas fazem parte de um movimento que luta por bons empregos sindicalizados, relacionados a uma maior expansão de bens e serviços públicos, e ao mesmo tempo se organizam de outras formas para além do ambiente de trabalho. E essas pessoas são a ponta de lança da militância sindical. Em 2018, a Agência de Estatística do Trabalho dos Estados Unidos registrou vinte "grandes paralisações", com adesão de 485 mil trabalhadores e trabalhadoras. Profissionais da educação, da saúde e do serviço social representaram 90% das categorias que se mobilizaram naquele ano, e foram esses setores que conduziram metade de todas as greves realizadas entre 2009 e 2018 no país.[96]

Isso ainda está muito longe da agitação que produziu o New Deal original. Nos anos 1920, houve mais de quinhentas greves por ano, mesmo no período de menor mobilização, em 1927. A Ameaça Vermelha de 1919 e 1920 havia arrasado a militância sindical. Ninguém imaginava que, 15 anos depois, o sindicalismo transformaria a política nacional. Em 1937, o número de greves disparara para 3.500. E quando o impulso político cresce, a mudança pode vir rápido. Apenas alguns anos atrás, uma onda de greves de militantes da educação era inimaginável.

As recentes paralisações também mostram como a organização sindical pode articular a classe trabalhadora de modo mais amplo. Os patrões vencem quando a narrativa coloca os sindicatos contra o bem público. Assim, a sindicalista Jane McAlevey argumenta que as entidades de classe vencem quando constroem uma "organização integral", que entenda os trabalhadores e as trabalhadoras em conexão com as comunidades mais amplas, e que se articule ao lado dessas comunidades.[97] E quando os sindicatos lutam e vencem dessa forma, a comunidade toda vence também, construindo as bases para novas vitórias.

---

[96] Agência de Estatística do Trabalho, "Work Stoppages Summary", 8 de fevereiro de 2019, disponível em: bls.gov.

[97] Jane McAlevey com Bob Ostertag, *Raising Expectations (And Raising Hell): My Decade Fighting in the Labor Movement* (Verso 2012).

A entidade Professores Unidos de Los Angeles se organiza no trabalho e na comunidade há mais de uma década, com base em um modelo conhecido como negociação pelo bem comum. Quando a categoria foi às ruas no início de 2019, a comunidade foi junto. Elas conseguiram contratos melhores e mais contratações de professores, orientadores psicológicos e enfermeiros. Criaram um fundo de defesa para imigrantes. Conseguiram um compromisso para garantir a promoção de mais espaços verdes e jardins. Ou seja, foram muitas conquistas que imaginamos dentro de um Green New Deal radical.

A greve ensina a população a lutar e vencer. Quando as pessoas se organizam no trabalho, elas se preparam para outras batalhas políticas. Em 2019, sete anos depois da greve do Sindicato de Professores de Chicago, seis socialistas foram eleitos para a câmara municipal da cidade. A atual onda de greves da categoria com certeza também plantará as sementes de novos movimentos políticos. Na Virgínia Ocidental e na Louisiana, professores e professoras lutaram para que a indústria de combustíveis fósseis pague mais impostos para financiar seus salários e as escolas, ecoando as lutas dos carvoeiros do passado. Quem trabalha no setor público poderia fazer o mesmo com a indústria da tecnologia na região da Baía de São Francisco e o setor financeiro em Nova York.

Quando professoras e professores entram em greve, não impedem os capitalistas de ganhar dinheiro, mas estabelecem uma linha direta de diálogo com o Estado. Na saúde e na educação, muitos profissionais são funcionários públicos, e mesmo as instituições privadas desses setores contam com financiamento público. Então essas categorias estão muito bem posicionadas para se organizar ao lado de movimentos que exigem a expansão de serviços sociais. A Amalgamated Transit Union, maior entidade sindical do transporte público nos Estados Unidos e no Canadá, expressou apoio ao Green New Deal, defendendo "transporte público, gratuito para todas as pessoas, pontual, disponível dia e noite e completamente movido por energia eólica, solar e marítima".[98]

Profissionais da saúde vêm apoiando ações de combate às mudanças climáticas porque as pessoas a quem atendem estão vulneráveis aos danos ambientais e ao colapso climático. A entidade da categoria de enfermagem National Nurses United, por exemplo, argumenta que "é necessário empreender uma ação ousada para lidar com os impactos catastróficos do aquecimento global para a saúde, e as condições climáticas extremas associadas ao fenômeno, como secas prolongadas, incêndios florestais e inundações em todo o mundo".[99] Esse tipo de solidariedade pode se estender para além de comunidades locais: Hector Figueroa, ex-presidente já falecido da regional 32BJ da Service Employees International Union, entidade que reúne categorias no setor de serviços, saúde e funcionalismo público dos Estados Unidos e do Canadá, apoiou o Green New Deal logo de início e explicou que muitas pessoas associadas à organização têm família no Sul Global, onde as mudanças climáticas devem ter os maiores impactos.

---

[98] ATU Media Center, "Can Public Transit Help Save the Planet", disponível em: atu.org.

[99] National Nurses United, "Environmental and Climate Justice", disponível em: nationalnursesunited.org.

De modo mais geral, a classe trabalhadora do mundo pode ser uma fonte de poder para a ação climática nos Estados Unidos. A mão de obra imigrante constitui um sexto da força de trabalho nos Estados Unidos, e o número é ainda maior se incluir pessoas sem documentos. Muitas têm ligação direta com quem mora nos países que devem ser mais afetados pelas mudanças climáticas. E, historicamente, foi o proletariado multirracial e multiétnico que formou a base do poder sindical militante do Congresso de Organizações Industriais.

Hoje, o apoio sindical mais proeminente ao Green New Deal vem de Sara Nelson, presidenta da Associação dos Comissários de Bordo. Ela ganhou visibilidade quando a categoria que representa, ao lado dos controladores de tráfego aéreo federais, começou a faltar por motivo de saúde depois de um mês de paralisação da administração federal dos Estados Unidos em 2018-2019,[100] obrigando os republicanos a recuar nas exigências de construção de um muro na fronteira do país. Nelson argumentou que "nosso governo federal deve liderar uma mobilização nacional que... Faça bom uso da engenhosidade americana, crie milhões de empregos sindicalizados e

100 N. de E.: a paralisação da administração pública, o chamado *shutdown*, é um instituto jurídico ao qual o presidente dos Estados Unidos pode recorrer caso ele perca uma negociação a respeito do orçamento com o Congresso. Enquanto dura o impasse, tudo fica paralisado, inclusive o pagamento de salários de servidores. Trump impôs a referida paralisação na virada de 2018 para 2019 ao resolver implementar a construção do Muro do México, tendo a oposição de uma Câmara dos Deputados de maioria democrata, recém-eleita.

bem remunerados e salve o planeta para nossos filhos".[101] Ela também lembrou a militância que luta contra as mudanças climáticas a necessidade de tratar com seriedade as preocupações da classe trabalhadora.

É preciso empenhar muito trabalho para convencer outras categorias a embarcarem na ideia, na indústria extrativa, mas também na construção civil. Paradoxalmente, muitos sindicatos de setores que sentiriam os benefícios mais diretos de um Green New Deal se mantêm céticos, partindo do pressuposto de que mais vale um emprego na mão que duas promessas de um político.

Há muito tempo, a construção civil congrega as forças mais conservadoras do movimento sindical dos Estados Unidos, mas a categoria tem muito a ganhar com o tipo de obra pública e de infraestrutura de larga escala que seria executado dentro de um Green New Deal. Os sindicatos do setor já trabalham com projetos de fontes de energia renovável e podem se organizar para exigir salários mais altos na indústria verde. E quem atua na construção civil, assim como quem trabalha em áreas abertas e externas, fica na linha de frente sentindo o aumento das temperaturas.

Existem outros postos. As empresas carvoeiras que faliram estão segurando o pagamento de pensão e seguro de saúde aos trabalhadores. A militância de combate às mudanças climáticas pode mostrar solidariedade aos mineiros apoiando a luta

---

101 Sara Nelson, "Flight Attendants Know the Real Job Killer Isn't the Green New Deal. It's Climate Change", 17 de abril de 2019, disponível em: vox.com.

da categoria para preservar seus benefícios. Quando membros do sindicato dos siderúrgicos United Steelworkers realizaram uma greve nas refinarias de petróleo de todo o país em 2015, grupos de justiça ambiental e sindicatos de profissionais da enfermagem se uniram à mobilização na região da Baía de São Francisco, onde a explosão de uma refinaria em Richmond, cidade com habitantes de classes populares de várias raças, havia deixado 15 mil pessoas doentes.

Precisamos imaginar muitas outras coalizões desse tipo: não são apenas trabalhadores e trabalhadoras do setor público que devem negociar pelo bem público. Imagine uma coalizão de sindicatos da construção civil e movimentos de moradia pelo compromisso de construir habitação social com boa densidade, sem emissão de carbono, em escala massiva e acessível para todas as pessoas. Imagine profissionais da saúde se organizando ao lado de trabalhadores braçais contratados para jornadas diárias afetados pelas ondas de calor, ou pessoas que trabalham em frigoríficos e redes de *fast food* organizadas ao lado de militantes pelos direitos dos animais contra as condições a que são submetidas as vidas humanas e não humanas nessas indústrias, tratadas como descartáveis. Imagine o transporte público parar um dia inteiro em uma cidade grande de forma articulada com grupos que exigem transporte gratuito, ou equipes de limpeza urbana se recusando a recolher o lixo enquanto a cidade não se comprometer a construir equipamentos de reciclagem e compostagem, com contratação de mão de obra para trabalhar neles, com apoio das comunidades afetadas pela contaminação de lixões e aterros. Ainda não temos esses movimentos, mas é hora de começar a construí-los.

A sindicalização dos empregos verdes é crucial para garantir que os empregos sejam bons. A indústria da energia renovável tem, hoje, um índice baixo de sindicalização, mas isso se coloca como uma oportunidade para o crescimento dos sindicatos. O investimento no setor público pode se tornar a referência do que é um bom trabalho. Garantir proteções mais robustas de direitos trabalhistas também ajudará. A Lei de Wagner, também conhecida como Lei Nacional de Relações de Trabalho, foi a referência trabalhista do New Deal. Até hoje, ela oferece o conjunto mais abrangente de proteções já garantido a trabalhadores e trabalhadoras dos Estados Unidos. Mas suas limitações são bem conhecidas. As proteções contra os empregadores, restringidas pela Lei Taft-Hartley cerca de uma década após sua aprovação, são absolutamente frágeis. E, hoje, os patrões estão mais ricos e mais fortes que nunca.

Já passou da hora de atualizar a legislação, incorporando instrumentos como um sistema de filiação por meio de formulários chamados de *card check*; maior facilidade para a constituição de sindicatos; aplicação de sanções vigorosas para empregadores que tentem desaconselhar a organização; proteção ao direito de realizar piquetes e paralisações; regulação dos mercados de trabalho acima do nível da empresa; reconhecimento do imenso número de pessoas que estão na área cinzenta da lei trabalhista, atuando em áreas que vão do cuidado domiciliar ao trabalho no campo; e descriminalização de setores completamente excluídos da lei, como o trabalho sexual.

As próprias organizações sindicais, muitas vezes, afirmam que sobreviver à luz do sol é essencial para se ter uma vida boa. Em 1912, Pauline Newman, a militante socialista e organizadora do Sindicato Internacional das Trabalhadoras de Confecção, escreveu um editorial sobre como a classe trabalhadora poderia se beneficiar de jornadas mais curtas.

> Que tempo glorioso é a Primavera! O desespero desaparece, a melancolia é esquecida... Você não gostaria de passear pelo país recém-desperto em vez de ficar sentada na frente de uma máquina? Ah, você não gostaria de tomar uma bebida respirando ar puro e se aquecendo sob os raios de sol? Você não gostaria de perambular pelos campos, sonhando e admirando a beleza da natureza?[102]

Em vez de perambular pelos campos, no entanto, as costureiras ficavam dez horas por dia sentadas nas confecções. Mas poderia ser diferente, Newman insistiu: "Uma jornada de seis horas na Primavera! Que prazer seria deixar a confecção, a fábrica, a loja de departamentos quando o sol ainda brilha!". Se – apenas se – as trabalhadoras se unissem, poderiam conquistar a coisa mais preciosa de todas: seu próprio tempo. "A Primavera chegou, todas as coisas estão vivas, tudo está acordando", Newman exclamou. "Venham, garotas, acordem e exijam o que é seu!".

Nós também podemos desfrutar do nosso tempo sob o sol. Mas também precisaremos lutar por isso.

---

102 Pauline M. Newman, "The Long Working Day and Spring", *Life and Labor* 2, 1º de janeiro de 1912.

Capítulo 3
Reconstruindo o mundo

Em 1933, a Tennessee Valley Authority (TVA) contratou o arquiteto Roland Wank, imigrante húngaro, para elaborar o projeto de habitação de trabalhadores, trabalhadoras e pessoas que foram desalojadas pela construção da barragem Norris. A TVA planejava fornecer energia renovável a baixo custo para uma região pobre do país negligenciada por uma concessionária que praticava preços abusivos na prestação do serviço.

Wank tinha uma longa experiência com moradias populares em contextos urbanos. No Lower East Side, bairro nova-iorquino de famílias imigrantes e operárias na época, o arquiteto havia projetado o Amalgamated Dwelling, um condomínio cooperativo para trabalhadoras de confecções que foi construído como uma homenagem ao grande conjunto habitacional socialista de Viena, o Karl-Marx-Hof. Exemplificando a visão urbana da esquerda no período entreguerras, o Amalgamated, que ainda existe, tinha um pátio amplo, uma biblioteca, um pequeno palco e deques no terraço para apresentações noturnas de música e dança.

No estado do Tennessee, os gestores do projeto da barragem Norris mostraram os desenhos da obra para Wank e pediram a opinião dele. Wank não tinha experiência nenhuma com infraestrutura energética. Duas semanas depois, ele voltou com um projeto completamente diferente, com uma estrutura elegante e carismática, caracterizada pela inclinação diagonal simples da barragem. Era uma proposta ao mesmo tempo íntima e monumental, uma oferenda acessível à população da região. O projeto trazia pontos de observação de cada lado da barragem e uma via de acesso que proporcionava uma vista surpreendente e dramática da infraestrutura no caminho de chegada. Nas palavras de um crítico efusivo, para quem subia de carro, a barragem se erguia por detrás do "flanco arborizado da encosta" como "a Acrópole".[103]

Wank se tornou arquiteto-chefe da TVA, onde projetou uma série de barragens célebres e habitações populares inovadoras. Também ajudou a organizar a Administração de Eletrificação Rural, que criou cooperativas de energia elétrica para levar luz a preços acessíveis pela primeira vez para a zona rural dos Estados Unidos. Ainda hoje, essas entidades atendem mais de 40 milhões de pessoas.

A carreira de Wank na moradia urbana e na eletrificação rural ilustra as conexões entre regiões distintas do mundo físico, no que hoje chamaríamos de "ambiente construído". Essa frase capta a natureza abrangente de nossos sistemas físicos e também nos lembra que eles são literalmente construídos, sujeitos às forças culturais e tecnológicas e a escolhas artísticas e políticas. Examinamos esses projetos aqui, começando pelo setor energético e depois passando por moradia, transporte e recreação pública.

---

[103] Frederick Gutheim, "Roland Wank, 1898-1970", *Architecture Forum* 133, 1970, p. 59.

Delineamos como um Green New Deal radical poderia construir paisagens de esplendor sem emissão de carbono nas cidades e para além delas. Nosso objetivo mais amplo é limitar o uso de energia e, simultaneamente, melhorar a qualidade de vida da população. Reduzir a demanda restringe a quantidade de minerais que precisamos arrancar da crosta terrestre. E quanto menor for a necessidade de produzir energia limpa no total, mais rápido zeraremos as emissões de carbono. Isso só pode ser alcançado se tratarmos todo o sistema energético como um bem público, não como uma comodidade privada, ligando os pontos entre fótons e transporte, elétrons e moradia, painéis fotovoltaicos e banhos de sol. Ao priorizar o esplendor público, dançamos com mais leveza sobre a Terra. O efeito político: uma abordagem sistêmica abrangente que conecta as lutas por uma grande variedade de questões, construindo movimentos mais amplos e duradouros. Como sugerido na Introdução, responder à crise promove o estímulo político e fiscal para dar o pontapé inicial. Agora é hora de debater perspectivas sobre o que podemos alcançar quando a oportunidade chegar – e começar a construir as bases disso.

Encontrar o sol e o vento onde eles estão

A energia domina o debate sobre as mudanças climáticas e, atualmente, é a principal causa da poluição por carbono. Cerca de quatro décimos do consumo de energia dos Estados Unidos hoje acontece na forma de eletricidade, sendo a maior parte produzida com combustíveis fósseis. O restante vem, principalmente, da combustão direta desses combustíveis, como nos carros movidos a gasolina e nas siderúrgicas operadas com geração termelétrica a carvão.[104] O jeito mais fácil de descarbonizar a energia é eletrificar (quase) tudo que hoje funciona à base de combustíveis fósseis, do fogão a gás à viagem de ônibus, para que se possa utilizar energia renovável e, ao mesmo tempo, aumentar a eficiência e fortalecer a oferta de energia limpa. Eletrificar a energia automaticamente leva a economizá-la: mais da metade da energia produzida pela queima de carvão, petróleo e gás se perde na forma de calor residual.[105] Mesmo assim, para atender nossa necessidade energética prevista, precisaremos descarbonizar toda essa produção de eletricidade enquanto quase dobramos o tanto que produzimos. Tarefa difícil! (Reiterando: precisamos frear a demanda).

Para isso, precisamos de instituições públicas, propriedade pública e controles democráticos, para acelerar a transformação e aumentar a prestação de contas. Bem ou mal, alguns dos detalhes técnicos essenciais são políticos demais para deixar para os técnicos.

Hoje em dia, o debate público sobre energia acende uma questão que se limita ao ritmo e ao gasto de construção de turbinas eólicas e painéis solares. Mas essa é a parte fácil. O custo de instalação dessa estrutura está caindo tão rápido que,

---

[104] "US Primary Energy Consumption by Source and Sector, 2017", disponível em: eia.gov, eia.gov/energyexplained/images/charts/consumption-by-source-and-sector.png.

[105] Laboratório Nacional de Lawrence Livermore, "Energy Flow Charts", disponível em: flowcharts.llnl.gov/commodities/energy.

em grande parte do país, está mais caro continuar queimando carvão do que fechar todas as usinas termelétricas, absorver a receita perdida *e ainda por cima* construir infraestrutura de geração de energia solar e eólica. A parte difícil é acelerar a instalação de forma massiva, integrar a tecnologia nova e fechar de vez a indústria dos combustíveis fósseis em um ritmo frenético. O outro grande desafio – e foco deste capítulo – é dar forma ao novo sistema energético em si: onde construir estrutura de fontes renováveis, como distribuir a energia limpa e como (e quanto) usá-la.

Para pensar sobre o sistema energético convencional, a melhor forma é simplificá-lo por meio de metáforas. Imagine duas teias. Primeiro, uma horizontal, que se estende pelo espaço, conectando pontos em todo o país. Segundo, várias teias verticais que vão se dilapidando como pés de feijão, da usina até o ponto final do consumo de energia: prédios, fábricas e veículos elétricos.

No sistema tradicional de combustíveis fósseis que estamos deixando para trás, essas teias têm um funcionamento simples. Uma extensa rede horizontal é o ideal. Quanto maior a área, mais fácil aumentar a produção na usina A se a usina B tiver um problema. Mas não há necessidade de se ter uma teia colossal, porque energia hidrelétrica, nuclear, a gás e carvão são bastante confiáveis. Na verdade, ainda falta aos Estados Unidos uma rede completamente conectada de costa a costa.[106]

---

[106] David Roberts, "We've Been Talking About a National Grid for Years. It Might Be Time to Do It", 3 de agosto de 2018, vox.com.

Em termos verticais, as usinas disparam energia para baixo, pela rede, para apartamentos, escritórios e fábricas. O fornecimento precisa ser calibrado com cuidado para atender a demanda. O desafio aqui é simplesmente aumentar ou reduzir a produção nas usinas com base no uso de energia que se tem abaixo delas.

Em um sistema alimentado majoritariamente por energia renovável, existem duas grandes diferenças. Primeiro, as novas fontes de energia são intermitentes. O sol não está sempre brilhando e o vento não está sempre soprando, em que pese que, em um país de grandes dimensões, uma ou as duas coisas devem estar acontecendo em algum lugar. Quanto mais vasta sua rede, maior será a facilidade de distribuir a energia para onde ela é necessária.

Em segundo lugar, hoje há mais energia fluindo de baixo *para cima* na rede: painéis solares nos telhados, baterias automotivas e domésticas e outros chamados "recursos energéticos distribuídos" enviam eletricidade para os mesmos fios por onde passa a energia de usinas solares, turbinas eólicas e barragens e usinas nucleares. Quando conectada, a bateria de um carro elétrico pode puxar energia para baixo ou enviá-la para cima na rede (Para zerar rápido as emissões de carbono, manteremos muitas barragens e usinas nucleares ligadas um pouco mais de tempo, desde que sejam seguras).

Chegar a uma rede bem ajustada com zero emissão de carbono será uma tarefa técnica cruel – e intensamente política.

Este artigo também inspirou nosso uso das metáforas sobre teias verticais e horizontais.

Se a condução for correta, ajustar nosso sistema energético para tirar proveito das fontes renováveis poderá facilitar nossa vida e torná-la mais agradável.

Grande, limpa e pública: uma rede democrática e nacional

Esse futuro já tem algo de familiar. Imagine lâminas de turbinas brancas como leite girando lentamente no horizonte das Montanhas Verdes de Vermont ou das Colinas Negras de Montana. Pense em painéis solares azuis-escuros enchendo telhados e campos, aninhados em meio a flores que atraem polinizadores, repovoando a terra com abelhas. Alguns desses campos serão mais industriais, principalmente se forem distantes de centros populacionais. Nós também conseguimos imaginar isso. E já vimos também os trabalhadores e as trabalhadoras sindicalizados que constroem, instalam e mantêm essa energia limpa sorrindo em panfletos de divulgação de empregos verdes.

Mas o debate público sobre energia limpa, em geral, negligencia o trabalho complementar de se concluir uma rede nacional de linhas de transmissão de alta voltagem. Atravessando o país de um oceano ao outro, a rede expandida utilizaria energia sem emissão de carbono para aquecer e resfriar lares, esquentar água para o banho, mover trens e ônibus e garantir o funcionamento de fábricas. Nas cidades, principalmente, temos uma tendência a ignorar o peso político de se decidir pela construção dessa nova teia e como ela afetará o meio ambiente de dezenas de milhares de pessoas para além dos limites urbanos.

O sistema mais eficiente para um país do tamanho dos Estados Unidos é uma rede extensa e completamente integrada, com microrredes encaixadas no sistema, capazes de se desconectar dele, mas mantidas, em geral, acopladas. Quando as nuvens aplacarem o sol da Califórnia, o vento do Texas poderá fornecer a energia para os ônibus de Los Angeles. Quando o sol da Geórgia se pôr, os ventos marinhos do litoral leste poderiam garantir a iluminação das ruas de Atlanta.

Mas a necessidade vai além das fontes eólicas e solares. Nossa nova rede também distribuiria energia dos chamados recursos "firmes" de energia sem emissão de carbono que sustentam turbinas e painéis, como a já conhecida fonte hidráulica, mas com opções novas que estão surgindo, como energia geotérmica estimulada ou produzida à base de hidrogênio e armazenada em cavernas de sal. O aumento no financiamento de pesquisa poderia acelerar nosso uso desses recursos firmes, reduzindo nossa necessidade de energia solar e eólica em mais ou menos um quarto.

A distribuição também partiria de imensas baterias instaladas em grandes terrenos, que armazenariam a energia excedente produzida nas estações de maior incidência de sol e vento. O sistema hidrelétrico reversível é o mais comum: a energia limpa excedente bombardeia água para cima e, quando há necessidade de mais energia, a água é liberada, girando as turbinas no processo. Em algumas regiões, é possível inclusive utilizar a energia excedente para armazenar o ar em imensas cavernas, comprimindo-o como se fosse uma mola invisível. Depois, é só soltar a mola para liberar a energia no sistema.

A ideia de uma rede continental, novos recursos firmes e baterias instaladas em grandes terrenos parece grandiosa. E é. Ela não representa a perspectiva completamente descentralizada de quem defende o combate às mudanças climáticas pela esquerda ou pela direita e vê nos painéis solares e nas baterias uma oportunidade de autonomia local total, deixando para trás o arcaico sistema centralizado. Mas um sistema continental é, de longe, a forma mais eficiente de fornecer energia limpa, confiável e de baixo custo para toda a população.

Examinando mais de perto, os sonhos libertários de ilhas de energia limpa são insulares e, em última análise, discriminatórios. Eles não oferecem nada às comunidades pobres, densas e localizadas em áreas com baixa incidência de sol e vento, e que não têm condições financeiras para instalar toneladas de painéis e sistemas para garantir armazenamento de energia em bateria em grande quantidade. Ainda mais porque a chamada "deserção de rede" é uma opção para os enclaves abastados: separatismo solar com recursos abundantes para quem tem dinheiro e sorte geográfica. Esse separatismo solar pode parecer uma novidade, mas, na raiz, não passa de uma nova versão do acesso privado à educação e à saúde.

Além disso, a ideia de uma rede grande não se opõe à existência de microrredes e resiliência local: a instalação de painéis solares no telhado e outros recursos pequenos e flexíveis se fortalece com um sistema público grande e vice-versa. Financeira e fisicamente, uma rede ampla, limpa e pública representa *a própria premissa* de segurança local e autonomia de emergência. Por sua vez, quanto mais sofisticado o sistema energético local, melhor a operação da rede ampla.

Imagine duas cidades perto de São Francisco, com menos de quarenta quilômetros de distância entre si: Dinheirópolis, um subúrbio rico e espraiado, e Povolândia, uma comunidade com famílias de diversas faixas de renda e alguns grandes conjuntos habitacionais. Pense que esta última está conectada a São Francisco por cabos de uma rede elétrica obsoleta, privada de fundos por causa do separatismo solar das comunidades ricas. Neste cenário, Dinheirópolis construiu seu próprio abastecimento de energia e cortou os vínculos – físicos e econômicos – com a rede regional depois de uma avalanche de apagões da PG&E.

Agora, imagine que um incêndio florestal isolou Povolândia de São Francisco e levou ao rompimento de linhas de transmissão, o que provocou um apagão. Claro, alguns poucos painéis solares largados pela concessionária desfavorecida poderiam garantir o fornecimento de energia de emergência para uma clínica médica.

Mas se Povolândia e Dinheirópolis estivessem conectadas por cabos, não haveria apagão. Além disso, se Dinheirópolis contribuísse com a mesma provedora de eletricidade que Povolândia, o serviço poderia construir uma microrrede de emergência aninhada[107], ou seja, garantir a autonomia energética temporária para serviços essenciais em caso de desastre. Mesmo se todas as linhas de transmissão conectadas fossem

[107] N. de E.: o termo "aninhada" soa estranho, mas é comum nos estudos de elétrica, sendo uma tradução literal do inglês *nested*.

danificadas, Povolândia conseguiria se manter iluminada e segura enquanto aguardasse a restauração do sistema. Um dia, sem dúvida, um desastre imprevisto também acometeria Dinheirópolis, e Povolândia poderia retribuir o favor.

A rede ampla não funciona para todo mundo e em todo lugar. Em uma ilha como Porto Rico, a alternativa para o caso de pane no sistema é o *diesel*, combustível que praticamente jorra carbono. Mas poderia ser diferente: Porto Rico é abençoado com sol e mar. Poderia, assim, dispor de baterias para dar suporte a microrredes alimentadas por energia solar, complementadas com fontes eólicas (Porto Rico quer explorar o vento marinho, mas atualmente tem a intenção bloqueada pela tendência colonial da Outer Continental Shelf Lands Act [Lei dos Territórios da Plataforma Continental Externa]).[108] E para aquele chalé de uma zona rural remota em um dos povoados espalhados pelo país, um sistema isolado faria sentido.[109]

---

108 N. de E.: a lei em questão, muitas vezes referida simplesmente como OCS Act, é uma lei federal de 1953 que regulamenta as terras submersas do mar territorial dos Estados Unidos, o que impacta, sobretudo, nas questões concernentes à extração de petróleo e gás – como Porto Rico é uma ilha caribenha muito próxima à costa americana, e na prática funciona como uma colônia dos Estados Unidos sob o eufemístico termo de "território livre associado", ela acaba sujeita a vários engessamentos ligados à lei em questão.

109 "Puerto Rico Congresswoman Introduces Bill to Study Offshore Wind Energy Potential", *Caribbean Business*, 8 de fevereiro de 2019, disponível em: carribeanbusiness.com.

A direita alerta que a energia renovável vai cobrir muros inteiros, de áreas imensas do país, com painéis solares ou despejar um volume ostensivo de turbinas cancerígenas no quintal de toda a população rural. Essas ameaças não têm base em nenhum fato. É verdade, no entanto, que a construção de infraestrutura de fontes de energia renovável representa uma empreitada que vai tomar espaço e transformar paisagens, mas menos do que alegam seus oponentes. Um estudo recente do Instituto de Tecnologia de Massachusetts (MIT) fez uma projeção que, para atender a necessidade energética de todo o país apenas com painéis solares até 2050, seria necessário utilizar uma área equivalente ao que é hoje dedicado à mineração de carvão, ou três vezes a área de todos os campos de golfe dos Estados Unidos[110]. De qualquer forma, enfiar infraestrutura de energia limpa goela abaixo das pessoas é a receita ideal para fazê-las odiar o Green New Deal. Nosso foco precisa estar na forma como essas estruturas vão se integrar à paisagem. E, aqui, as grandes questões são projeto, propriedade e velocidade.

É fundamental dar atenção às preocupações locais. Os modelos do norte europeu dão ênfase à contribuição da comunidade para a elaboração do projeto de parques eólicos e ao frequente estabelecimento de propriedade cooperativa da energia renovável, para fortalecer o apoio político ao desenvolvimento desse tipo de matriz nas zonas rurais, além de garantir

---

[110] Reja Amatya et al., *The Future of Solar Energy: An Interdisciplinary MIT Study* (MIT 2015), disponível em: energy.mit.edu/wp-content/uploads/2015/05/MITEI-The-Future-of-Solar-Energy.pdf, p. 130.

o controle real da comunidade sobre a paisagem. No norte do estado de Nova York, em 2016, por exemplo, um conjunto de programas de fornecimento de energia solar para zonas rurais em escala foi bloqueado por cidades e condados que ficaram irritados com a definição apressada, pelas construtoras, dos locais onde a nova energia seria gerada. Mas no momento em que a população local teve voz e os projetos foram modificados para contemplá-la, a instalação dos painéis aconteceu dentro de um ano.[111] Se o investimento público priorizar o fortalecimento do apoio público, o jogo pode virar. Será necessário realizar mais audiências públicas, oferecer benefícios para as comunidades afetadas, garantir a propriedade democrática e elaborar projetos cuidadosos e contextualizados.

Dedicar tempo à análise do impacto local e fortalecer o apoio da comunidade significa que nem sempre será possível começar com os maiores projetos. Enquanto planejamos as obras grandes com muito cuidado, seria possível expandir a produção de energia por fontes renováveis desde já, em menor escala e ritmo mais acelerado, principalmente com a instalação de painéis solares em telhados. Por unidade de energia gerada, essas placas são menos eficientes do que instalações maiores, mas podem economizar na transmissão, gerar empregos e garantir a resiliência durante um desastre. Elas trazem os benefícios da energia limpa para o cotidiano da população. As agências públicas podem financiar a instalação sem custo no telhado de casas de famílias de classe baixa e média, e também

---

[111] Steve Orr, "D&C Investigation: Big Solar Coming to NYS, Some Are Wary", *Democrat and Chronicle*, 22 de novembro de 2016.

no de organizações sem fins lucrativos e pequenas empresas, para acelerar a adoção dessa fonte de energia.

O outro grande dilema espacial é a transmissão. O Laboratório Nacional de Energia Renovável dos Estados Unidos aponta que, para alcançar uma rede que seja alimentada em 90% por energia renovável, será necessário dobrar a extensão das linhas de transmissão atuais.[112] A instalação de projetos de parques eólicos, arranjos fotovoltaicos e novas linhas de transmissão foi toda desacelerada – e, muitas vezes, bloqueada – por protestos de comunidades localizadas nas áreas onde se planejava a execução das obras. Às vezes, os ambientalistas criticam quem se opõe como se fossem tipos egoístas, que esbravejam "no meu quintal, não!" ou vítimas da propaganda dos irmãos Koch (A bem da verdade, há um pouco dos dois). Mas é razoável se preocupar com mudanças drásticas que podem ocorrer no lugar onde se mora – principalmente quando a localidade arca com os custos e a maior parte dos benefícios acaba indo para centros urbanos distantes.

Com um desenho democrático deliberado, a condução de grandes obras de energia renovável pode ser gloriosa. Imagine a realização de longas reuniões em casas escolares onde pequenas agricultoras, enfermeiros, aposentadas, carpinteiros, operárias de siderúrgicas, arquitetos e técnicas discutem os planos juntos. Lembremos dos esforços de Wank para embelezar as

---

[112] Laboratório Nacional de Energia Renovável dos Estados Unidos, "Renewable Electricity Futures Study: Executive Summary", disponível em: nrel.gov, 2012.

grandes obras do setor energético em meio à mobilização de massa do New Deal.

E aprendemos com o norte da Europa. No cume de um morro, em uma encosta ou num campo de plantação, é possível produzir um encadeamento de turbinas formando colares elegantes, seguindo a tradição nórdica de projetos paisagísticos habilidosos para a construção de parques eólicos em conjunto com a comunidade. Em uma fazenda ou vila, os painéis solares podem ser instalados no telhado de casas e celeiros, e também em áreas impróprias para o cultivo. As linhas de transmissão podem ser enterradas.[113] O custo é alto, mas vale a pena se contribuir para o suporte à rede que precisamos. Paisagistas também podem ampliar os corredores de transmissão que ficarem acima do solo, para incluir ciclovias e trilhas de caminhada nos projetos, e dar a seres humanos e elétrons rotas paralelas entre bosques e vales.[114]

Automatizando a eficiência: a casa girassol

Sol e vento não custam nada, mas são inconstantes. A distribuição da energia pela rede compensa essa oscilação, mas apenas até certo ponto. E os conservadores adoram isso: a direita

---

[113] Julian Spector, "Siemens Buys Transmission Line to Take Iowa Wind to the Eastern Grid", GTM, 12 de março de 2019, greentechmedia.com.

[114] Nicholas Pevzner, "The Green New Deal: Landscape, Architecture, and Public Imagination", *Landscape Architecture Magazine*, julho de 2019.

se regozija com a ideia de que uma noite sem vento vai fazer sua TV desligar no meio da final da NBA.

Mas isso não vai acontecer. Além disso, com a tecnologia mais avançada, é possível garantir um maior alinhamento do nosso consumo de energia com as extravagâncias do clima.

A ensolarada Califórnia ilustra o desafio. Durante o dia, a rede é inundada de energia solar. Quando as pessoas chegam em casa do trabalho no fim da tarde, o sol está se pondo. Elas acendem as luzes, ativam o ar-condicionado e ligam a TV para assistir a um jogo do Warriors. A demanda de energia dispara. As provedoras e concessionárias queimam gás natural para ajudar a atender a demanda. E isso representa só algumas horas de um problema maior: uma disparidade previsível entre o pico de demanda de energia e o pico de abastecimento natural.

Há também a variação entre estações. Na Califórnia, a maior quantidade de energia necessária em um ano é cerca de 80% maior que a média diária. Em muitos estados, essa proporção entre pico anual e demanda média é maior.[115] No geral, a capacidade de geração dos Estados Unidos é quase o dobro do que o país utiliza normalmente. E, com os combustíveis fósseis, é sempre possível armazenar mais carvão ou gás para queimar quando necessário.

Com um sistema de fontes renováveis, não dá para empurrar as nuvens para longe e deixar a luz do sol passar. Um

---

[115] Timothy Shear et al., "Peak-to-Average Electricity Demand Ratio Rising in New England and Many Other US Regions", Administração de Informações Energéticas dos Estados Unidos, 18 de fevereiro de 2014, disponível em: eia.gov.

jeito de atender ao pico da demanda é construir infraestrutura excedente, acrescentando muito mais painéis solares e turbinas eólicas que o necessário, e muito mais estoque. Claro, vai garantir que vai dar para ver o jogo importante na TV. Mas manter excesso de capacidade sistemático, utilizando baterias de veículos, casas e rede, é caro e ineficaz. Em vez de adotar essa estratégia, os algoritmos podem ajudar a criar o que chamamos de casa-girassol: um ambiente de energia em que o fluxo de eletricidade se ajusta para acompanhar as condições climáticas.

Conforme explica o engenheiro de energia de Princeton Jesse Jenkins, "quando aumentamos a flexibilidade da demanda, a necessidade de armazenamento em bateria despenca".[116] Como veremos no próximo capítulo, isso é vital para evitar a extração mineral desnecessária em ecossistemas sensíveis. É possível aumentar a flexibilidade utilizando os medidores e equipamentos "inteligentes", assim chamados porque informam às provedoras como e quando utilizamos energia e permitem o ajuste remoto dos sistemas. Grandes empresas de tecnologia estão desbravando esses sistemas, principalmente para empresas e famílias ricas. Em 2018, o mercado de "casas inteligentes", dominado pelo Google Nest, já estava avaliado em US$ 36 bilhões. Mas muita gente resiste aos esforços das provedoras de energia de instalar medidores inteligentes em

---

[116] Entrevista com Daniel Aldana Cohen, 3 de maio de 2019. Veja também Nestor A. Sepulveda et al., "The Role of Firm Low-Carbon Electricity Resources in Deep Decarbonization of Power Generation", *Joule* 2, 17 de outubro de 2018.

suas residências. Há quem resista por um libertarianismo de direita, por não querer que o Estado se meta no termostato privado. Houve até um episódio famoso de um conservador de Houston que saiu correndo atrás do técnico da companhia elétrica com uma pistola.

Na esquerda, as críticas à instalação de medidores inteligentes por concessionárias são feitas por motivos diversos. O medidor inteligente poderia ser utilizado para cortar a luz a distância, por exemplo, quando a pessoa não pode pagar a conta. Mas é preciso deixar claro: em um Green New Deal radical, não haveria corte de fornecimento, porque ter um lar acessível e confortável é um direito humano.

Nossa proposta de casa-girassol, de fato, permitiria que o algoritmo da fornecedora de energia interferisse na nossa vida doméstica, desligando geladeiras, bombas de calor, carregadores de celular e outros aparelhos por curtos períodos de tempo para reduzir o consumo de energia no horário de pico. Em vez de encher as pessoas individualmente de culpa para que apaguem a luz ou desliguem os aparelhos eletrônicos, a rede inteligente faria isso por nós. Os aparelhos inteligentes também funcionariam quando houvesse abundância de energia limpa. A pessoa poderia sair para trabalhar e deixar o computador decidir quando a lava-louça supereficiente cuidaria dos pratos sujos.

Não obstante, quem resiste ao medidor inteligente tem suspeitas razoáveis. Em uma era de vigilância corporativa e militar, esse nível de integração de sistemas assusta. Não queremos que o Google Nest e a Amazon Alexa "otimizem" (e lucrem com) os dados de tudo que fazemos em casa.

Precisamos substituir as plataformas corporativas por provedoras públicas que adotariam criptografia de ponta para proteger a privacidade das pessoas e manter longe os olhos intrometidos. Os algoritmos de código aberto estariam sujeitos ao escrutínio de um número imenso de especialistas. Essa ideia já é até um pouco antiga. Como mostra Shoshana Zuboff em *Surveillance Capitalism* ["Capitalismo de Vigilância", inédito em português], uma pesquisa do Instituto de Tecnologia da Geórgia elaborou um sistema de dados voltado para a privacidade, chamado "Aware Home" ("Casa Consciente") quase duas décadas atrás.[117] As empresas que suplantaram essa iniciativa não foram mais criativas – só mais ricas.

Um Green New Deal se uniria à reação de especialistas em codificação e consumidores e consumidoras contra as gigantes da tecnologia. Nós nos aliaríamos ao florescente movimento de defesa do código aberto e a profissionais da tecnologia com uma visão politizada. Automatizar nosso uso de energia de um jeito que não seja bizarro é mais um motivo para recuperar o controle sobre nossos próprios dados. Isso poderia fazer parte de um "socialismo de plataformas" mais amplo organizado por meio de "comuns digitais" (para pegar emprestada uma expressão da esquerda britânica), no qual os sistemas físicos e de informação essenciais que sustentam nossas vidas passam para o controle público. Esse é um exemplo de como pensar de forma mais expansiva, precisa e exata nos sistemas energéti-

[117] Shoshana Zuboff, *The Age of Surveillance Capitalism: The Fight for a Human Future at the New Frontier of Power* (PublicAffairs 2019), p. 5.

cos pode ajudar a expandir ainda mais a coalizão política para avançar um Green New Deal radical.

Trazer milhares – talvez milhões – de profissionais da tecnologia para nossos movimentos ajudará a garantir que cada pessoa se beneficie das melhores tecnologias. Colocar os algoritmos sob controle público vai limpá-los de elementos maliciosos com a luz do sol. E, além disso, a implantação de regulação de eficiência energética ao estilo da Califórnia, bem como de finanças e licitação pública, ajudaria a reduzir as emissões e disponibilizar os aparelhos mais avançados para toda a população. As pessoas poderiam trocar aquela geladeira barulhenta e aquele fogão que fica vazando gás por produtos novos, elegantes e eficientes, em uma versão maior e melhor do programa de estímulo *cash for appliances* (grana por eletrodomésticos)[118] de Obama, que permitia a troca de eletrodomésticos velhos por modelos mais eficientes com desconto.[119] Nossa casa-girassol seria limpa, segura e confortável. Todo mundo deve-

---

[118] N. de E.: o Programa Estatal de Descontos para Eletrodomésticos Eficientes em Energia, popularmente conhecido como "grana por eletrodomésticos", era um programa federal dos Estados Unidos para encorajar os proprietários de residências a trocar eletrodomésticos ineficientes por substitutos certificados pela Energy Star, um outro programa da Agência de Proteção Ambiental em parceria com o Departamento de Energia. O programa começou em 2009, mas foi encerrado ainda no primeiro mandato de Obama, em 2012.

[119] Elizabeth Shogren, "Cash for Appliances Program Takes Off", *NPR*, 20 de abril de 2010, disponível em: npr.org.

ria ter acesso ao melhor da tecnologia que a sociedade tem para oferecer.

Garantia de moradia: melhorias e 10 milhões de novas unidades

Um Green New Deal radical precisa ir ainda mais longe, saindo da zona de conforto dos especialistas em energia, na qual as desigualdades estruturais do mercado habitacional são tratadas com naturalidade. O setor imobiliário pode discordar, mas nós entendemos moradia digna como um direito humano. E moradia e carbono estão intrinsecamente conectados. Um Green New Deal para o setor promoveria a descarbonização garantindo, ao mesmo tempo, moradia para todos e todas.

Longe de ser só um grande acessório, a garantia de moradia é o meio pelo qual alcançaremos muitas das metas do Green New Deal relacionadas a descarbonização, geração de emprego, justiça econômica e racial e aumento da qualidade de vida. Pode ser que uma habitação multifamiliar com varandas ensolaradas não evoque o progresso das políticas climáticas da mesma forma que uma altiva turbina eólica. Mas ela também é o abrigo privado onde dormimos, comemos, nos amamos e nos protegemos das intempéries. Nossa demanda por moradia precisa ser tão clara quanto outras grandes questões, como saúde universal com o Medicare for All e o acesso gratuito à universidade pública com a universidade pública gratuita.

É atrás de uma exigência ousada que vai galopar a bandeira da cavalaria da recuperação da habitação pública, do controle universal do preço dos aluguéis, das melhorias na rede energética, do apoio contra despejos e de outras novas políticas habitacionais. Nossa bandeira: a construção de 10 milhões de habitações públicas bonitas e que não emitam carbono nos próximos dez anos, em cidades, subúrbios, reservas indígenas e bairros, nas regiões mais bem-servidas de transporte e com boa mobilidade a pé.

A habitação está no cerne do Green New Deal por três motivos.

Primeiro, a explosão dos custos fez com que a desigualdade habitacional se tornasse um motor tão importante da miséria econômica quanto o desemprego e os baixos salários. Cerca de 20 milhões de famílias nos Estados Unidos gastam mais da metade da renda com moradia, enquanto um número semelhante desembolsa entre um terço e metade[120]. As mulheres, a juventude e a população racializada são afetadas de forma desproporcional. O país hoje enfrenta um déficit de mais de 7 milhões de casas populares para famílias pobres e trabalhadoras.[121] Em nenhum estado do país uma pessoa que trabalha em tempo integral e ganha um salário mínimo consegue pagar um apartamento modesto de dois quartos.[122] Sem acesso à mo-

[120] "Millions of Americans Spend Over 30 Percent of Income for Housing", Centro Conjunto de Estudos da Habitação de Harvard, harvard-cga.maps, disponível em: arcgis.com.

[121] National Low Income Housing Coalition, "New Report Published Today: Shortage of 7 Million Apartments for the Nation's Lowest-Income Renters", 14 de março de 2019, disponível em: nlihc.org.

[122] Tracy Jan, "A Minimum-Wage Worker Can't Afford a 2-Bedroom Apartment Anywhere in the US", *Washington Post*, 13 de

radia, muitas mulheres ficam presas a situações de violência doméstica, impossibilitadas de mudar para outro lugar.

Décadas de políticas habitacionais racistas consolidaram a desigualdade de riqueza racial, pela qual uma família branca média tem cerca de 100 mil dólares a mais que uma família afrodescendente média. Essa desigualdade se estende para o uso doméstico de energia. Nos estados do Médio Atlântico[123], mais da metade das famílias negras enfrenta uma situação de "insegurança energética", o que significa a incapacidade de pagar as contas para manter o aquecimento ou resfriamento da casa sem precisar fazer um grande sacrifício.[124]

A desigualdade habitacional em termos de classe e raça fica ainda mais agravada nas regiões cobiçadas, densas e com grande oferta de emprego que precisamos continuar construindo – ou começar a construir, conforme se aumenta a oferta de transporte público. Uma maior densidade residencial, principalmente nos subúrbios e nas áreas não verticalizadas por arranha-céus das cidades, ajudaria a reduzir as emissões. Mas, neste momento, densificação e aumento da oferta de transporte, em geral, leva ao aumento no preço da terra, expulsando

---

junho de 2018, disponível em: washingtonpost.com.

123 N. de E.: os estados do "Médio Atlântico" correspondem ao sul da região Norte (Nordeste) e o norte da região Sul, o que abrange os estados de Nova York, Nova Jérsei, Pensilvânia, Delaware, Maryland, Washington D.C., Virgínia e Virgínia Ocidental.

124 "Residential Energy Consumption Survey: Implications for Philadelphia", Autoridade Energética da Filadélfia, 12 de março de 2018, disponível em: philaenergy.org.

a população pobre e trabalhadora do novo bairro bom para caminhar. Isso simplesmente dá uma roupagem ambiental aos primeiros passos do *ecoapartheid*, no qual apenas brancos e ricos têm acesso aos espaços mais agradáveis e eficientes, enquanto o fardo da poluição e da descarbonização fica empilhado nas costas de todas as outras pessoas.

Existem pesquisas quantitativas de ponta que mostram que, quando a população de bairros densos é rica, a pegada de seu consumo de luxo – do iPad às viagens de avião – sobrepuja o carbono economizado na caminhada até o *brunch*. A pegada de carbono *per capita* no West Village é de duas a três vezes maior que aquela registrada em muitos bairros com densidade comparável no Bronx.

Bairros densos, populares e com diferentes faixas de renda, próximos de equipamentos de transporte público e ancorados por habitação social são bons para se viver e produzem uma pegada de carbono pequena. Objetivamente, as mulheres trabalhadoras não brancas, que representam grande parte dos movimentos de moradia na luta contra a gentrificação e por uma densidade *acessível*, são, de fato, as protagonistas da baixa emissão de carbono – falem elas sobre questões climáticas ou não. Para popularizar os bairros de baixa emissão de carbono, construiríamos habitação fora da lógica do mercado privado e imporíamos um controle nacional flexível sobre o preço dos aluguéis. Isso promoveria melhorias urbanas importantes para o controle dos impactos sobre o clima – arborização, opções de transporte diferentes, construções novas e bonitas – e beneficiaria a população que há anos luta para melhorar suas comunidades carentes de investimentos sem levar à expulsão de quem já mora nelas.

Em segundo lugar, precisaremos de dezenas de milhões de casas novas no total. Estima-se que só o aumento do nível do mar já deve levar ao deslocamento de cerca de 13 milhões de pessoas nos Estados Unidos até o fim do século.[125] Essa conta não inclui os impactos do calor, da umidade, da seca e das inundações em regiões não litorâneas. E, como o aquecimento do planeta pune muito mais os países do Sul Global do que os Estados Unidos, devemos acolher ainda mais imigrantes. É preciso ter um plano para um país que terá cerca de 430 milhões de habitantes até 2100. As cidades dos Estados Unidos estão cheias de casas vazias "para investimento" que devem ser adaptadas a novos usos. Estão repletas de casas sem condições adequadas. No geral, ainda precisamos aumentar a oferta de habitação popular. O mercado privado tem construído bem mais que um milhão de unidades por ano desde 2015.[126] Nossa proposta é substituir grande parte dessas obras privadas por moradias de melhor qualidade para um grupo maior de pessoas.

O terceiro ponto é que a descarbonização pode ser alavancada por um programa de melhoria dos prédios já existentes e a construção de novas unidades de habitação pública com padrão de zero emissão de carbono. O uso de energia no se-

---

125 Will Dunham, "Sea Level Rise Projected to Displace 13 Million in U.S. by 2100", *Reuters*, 14 de março de 2016.

126 "United States Housing Starts", Trading Economics, disponível em: tradingeconomics.com.

tor residencial é responsável por quase um sexto das emissões de carbono nos Estados Unidos. Até 2050, a implantação de melhorias na eficiência residencial poderia evitar a emissão de 550 milhões de toneladas de poluição por carbono por ano. Esse volume é maior que as emissões registradas em 2016 por todas as usinas elétricas dos estados da Califórnia, do Texas, de Nova York, da Flórida e da Virgínia juntas.[127] A opção do *retrofit* seria penosa. Nossa prioridade seria promover melhorias em habitações públicas e subsidiadas, seguindo o exemplo de projetos conhecidos de Boston, Toronto, Paris e Bordeaux. As novas obras eficientes vão facilitar muito a descarbonização e criar centenas de milhares de empregos.

E qual a melhor forma de acelerar a capacitação e o aprimoramento técnico de trabalhadores e trabalhadoras? Licitação pública inteligente. É assim que aceleraremos a produção e a instalação de um concreto produzido com baixa emissão de carbono, depois, sem carbono e, no futuro, de um tipo que absorva carbono (A indústria do cimento é responsável por 8% das emissões mundiais de carbono. A força do poder público pode segurar esse nível).

A demanda pela construção de 10 milhões de casas públicas bonitas, com zero emissão de carbono e para várias faixas de renda não surgiu do nada. O *think tank* People's Policy Project propôs a construção de 10 milhões de casas públicas nos próximos dez anos, a rede de organizações de base People's

---

[127] Khalil Shahyd, "Residential Energy Efficiency Is Largest Source of CO_2 Reduction Potential", 5 de outubro de 2017, disponível em: nrdc.org.

Action está lutando por uma garantia de moradia que inclua a criação de 12 milhões de novas unidades, e até o Centro para o Progresso Americano, partidário do ex-presidente Bill Clinton, propôs a construção de 1 milhão de novas unidades em cinco anos. Todas essas organizações defendem a criação de conjuntos para várias faixas de renda, com democratização da governança e experiência com modelos de propriedade, como o de *limited-equity cooperative* (cooperativa habitacional de capital limitado)[128] e de *community land trust* (fundo de fideicomisso territorial comunitário).[129]

---

[128] N. de E.: cooperativas habitacionais de capital limitado oferecem uma adesão abaixo do valor de mercado a famílias de baixa renda, as quais adquirem ações da cooperativa e passam a fazer jus a, normalmente, um apartamento, podendo apenas revendê-lo por um preço igualmente baixo e acessível. Ao contrário das cooperativas tradicionais, há um limite no lucro que os membros podem obter com a revenda de suas unidades.

[129] N. de E.: o termo não tem tradução precisa para o português, uma vez que consiste em um instituto bastante em voga no mundo anglo-saxão, muitas vezes referido em inglês pela sua sigla (CLT) nos outros lugares onde tem sido aplicado, na Europa Continental ou, até mesmo, no caso de Porto Rico. Consiste em um fundo estabelecido nos termos de contrato de fideicomisso que, a partir de uma administração constituída, gere não apenas os espaços de moradia como os de hortas e plantações comunitárias, áreas de lazer e espaços de cultura ali existentes. Suas origens remetem ao teórico agrário Ralph Borsodi (1886-1977), mas foi aprimorado por experimentos comunais da Índia de Gandhi e de comunidades judaicas ao redor do mundo, sendo bastante aplica-

Construir 10 milhões de unidades de habitação social custaria menos que o recente corte de impostos de Trump. Também combateria a desigualdade racializada de classe e cortaria os lucros do setor imobiliário, com o auxílio da imposição de impostos para acabar com a especulação da terra. Não vamos chorar por proprietários de imóveis exploradores nem por credores de Wall Street. O sistema público-privado racista de hipotecas – que delimitava e excluía bairros negros, ajudando apenas famílias brancas a comprar a casa própria – foi uma das falhas mais graves do New Deal. E como já demonstrou a historiadora e escritora Keeanga-Yamahtta Taylor, as parcerias público-privadas feitas depois desse período para aumentar o índice de famílias negras e pardas com moradia própria foram, na verdade, esquemas predatórios que resultaram em espirais de dívidas para elas.[130] Nada mais adequado que o Green New Deal ataque o setor imobiliário e a desigualdade racial de frente. E, assim, poderíamos nos fortalecer com uma onda de organizações de justiça habitacional que já existem em todo o país.

Não há dúvida de que é difícil construir habitação popular em bairros brancos e ricos ou próximo a eles. Mas é possí-

---

do, inclusive, pelo movimento negro americano, no contexto da luta por direitos civis, para conseguir acesso seguro e justo a terra para comunidades negras segregadas, as quais teriam dificuldades de toda ordem para fazê-lo de forma privada e individual.

130 Keeanga-Yamahtta Taylor, *Race for Profit: How Banks and the Real Estate Industry Undermined Black Homeownership* (University of North Carolina Press 2019).

vel. Em Nova Jersey, onde há a maior densidade populacional dos Estados Unidos, o estado obriga todas as cidades a adotar ações afirmativas no zoneamento para incluir moradias populares, graças à doutrina de Mount Laurel, precedente judicial estabelecido em 1975. Essa vitória jurídica foi conquistada e, desde então, sustentada por uma campanha promovida por grupos de diferentes raças e apoiada por forças progressistas e sindicais. A ação federal poderia aprimorar as leis de justiça habitacional e adotar um sistema de recompensa e sanção jurídica e fiscal para levar os governos locais a eliminar o zoneamento exclusivamente residencial de habitações unifamiliares e facilitar a produção de habitações populares. Muitos proprietários de imóveis ricos vão resistir. Mas, conforme o atendimento às necessidades habitacionais urgentes dos Estados Unidos melhorar, a base de força dos sindicatos, dos grupos de justiça ambiental e racial e dos movimentos de moradia vai crescer. Batalhas locais aguerridas terão o benefício de garantir que as novas obras e o planejamento sejam conduzidos de forma deliberada, com sensibilidade às necessidades da região. E as novas habitações populares serão utilizadas para expandir o alcance geográfico da esquerda para além dos redutos progressistas. Construiremos conjuntos bonitos de casas em zonas rurais conservadoras, onde a crise do acesso à moradia é, muitas vezes, tão grave quanto o que se vê nas grandes cidades.

Afinal, morar bem é a base para se viver bem. Há um motivo para o grande projeto habitacional de Roland Wank, o Amalgamated Dwellings do Lower East Side, fazer uma homenagem ao Karl-Marx-Hof de Viena. Essa maravilha austríaca é mais importante para a política climática do século XXI dos Estados Unidos do que se pode imaginar.

O Karl-Marx-Hof ainda está de pé. É um gigantesco conjunto cor de pêssego sombreado, com 1.200 apartamentos, ornamentado com arcos arredondados e cantaria fina, e rodeado de amplos gramados, fontes e jardins. É, até hoje, o maior exemplo do melhor programa habitacional que o mundo já viu, na Viena Vermelha (1919-1934), em si um modelo muito melhor de habitação social que os programas do New Deal implantados nos Estados Unidos.[131] O Partido Social-Democrata da Áustria, de esquerda, foi eleito em Viena pela primeira vez depois da Primeira Guerra Mundial e não perdeu um pleito sequer desde então[132] (sendo derrotado apenas pelos fascistas em uma guerra civil). A sigla viu a construção de moradias como uma forma de alavancar projetos mais amplos de justiça econômica e emancipação humana.

Na década de 1920, a Viena Vermelha estipulou uma tributação pesada para os bens imóveis que arrasavam o mercado de terras, barateando a compra de terrenos para construção. O imposto era progressivo: 0,5% das propriedades da cidade representavam 40% da receita. E a cidade arrecadou um terço

---

131 Eve Blau, *The Architecture of Red Vienna*, 1919-1934 (MIT Press 1989).

132 N. de E.: trata-se de uma das maiores hegemonias em uma cidade importante da Europa. O Partido Social-Democrata atual já se chamou, contudo, Partido Socialista e Partido Social-Democrata Operário, mas foram apenas alterações formais de nome, sendo a mesma agremiação desde a fundação.

dos fundos destinados à habitação pública com impostos sobre artigos de luxo. Um cartaz político da época mostra um punho vermelho musculoso arrancando uma garrafa de champanhe de um balde de gelo, horrorizando um casal burguês de *smoking* e vestido de festa. A esquerda vienense confiscou a riqueza de poucos para fornecer luxos públicos para muitos, impondo tributos sobre champanhe, cavalos de corrida e empregados domésticos para financiar tijolos, ladrilhos e jardins para a classe trabalhadora.

Como era costume na Viena Vermelha, esses conjuntos integravam serviços sofisticados. O Karl-Marx-Hof tinha estrutura para atividades culturais e uma clínica odontológica. O tecido social costurado nos empreendimentos habitacionais ligava os compromissos habitacionais sindicalistas e socialistas com as melhores ideias de um movimento feminista que nasceu nas trincheiras de 1848 e de um movimento de saúde pública que surgiu logo em seguida.

Viena realizava concursos de projeto de habitações públicas com a participação dos melhores nomes da arquitetura. Como na época havia muito desemprego entre operários, o programa de construção de casas contratou milhares de pessoas para erguer cantarias elaboradas. A valorização do operariado qualificado na Viena Vermelha produziu uma variedade deslumbrante de jardins, escadarias, lavanderias e outros espaços comuns. Mas não impressionou ninguém. Em 1934, o Brookings Institute afirmou que construir casas bonitas era desperdício de dinheiro, e que seria mais barato erguer barracões de concreto nos subúrbios.

A bem da verdade, o legado de habitação social da Viena Vermelha só melhorou ao longo do tempo. Hoje, cerca de um terço da moradia da cidade ainda é pública, de propriedade do município. Um terço são as cooperativas de valor patrimonial limitado, onde hoje florescem os *designs* mais inovadores. Por fim, um terço é privado, com boa qualidade e baixo custo. Os bairros trabalhadores e cheios de imigrantes de Viena, ricos em habitação pública, votam em peso contra os ultraconservadores que fazem sucesso na zona rural da Áustria. Recentemente, a cidade implementou um sistema de creches gratuitas para crianças de zero a sete anos. Com o bilhete anual, o transporte público custa um euro por dia.

Viena está longe de ser perfeita. Não é possível haver ecossocialismo em uma cidade capitalista europeia. A esquerda vienense ainda não descobriu uma forma de se organizar para além dos próprios limites urbanos e, assim, vive cercada de cidades pequenas, em grande medida conservadoras. Mesmo assim, a capital austríaca ilustra como instituições criativas e longevas da classe trabalhadora, que arrecadam e gastam dinheiro bem, conseguem, de fato, melhorar as condições de vida. E com habitação de alta densidade e um sistema de transporte extraordinário, o nível de emissões de carbono *per capita* é minúsculo.

Atualmente, os projetos habitacionais dos Estados Unidos sofrem com uma estigmatização injusta. Também é verdade que, como a habitação pública foi tratada no país como o último recurso para a população pobre, as obras eram, em geral, baratas, sempre com manutenção ruim, levando a demolições e transformando esse modelo de habitação em símbolo da degradação urbana. A habitação social radiante de Viena encarna os ideais socialistas da classe trabalhadora da cidade, enquanto a habitação pública degradada dos Estados Unidos encarna o racismo avarento da classe dominante do país.

Um Green New Deal para a Autoridade Habitacional da Cidade de Nova York e outros sistemas de habitação pública poderia garantir os padrões mais elevados de conforto e eficiência das unidades. Entre as melhorias também poderia estar a adoção de baterias, espaços comuns e, onde for adequado, sistemas de cogeração, fornecendo ao mesmo tempo aquecimento e eletricidade, para transformar os conjuntos habitacionais em centros de resiliência do bairro em caso de desastre. Ao construir uma nova habitação social, incluiríamos pessoas de diferentes faixas de renda para trazer mais recursos e diversificar os espaços, e utilizaríamos outros instrumentos financeiros desenvolvidos na Viena Vermelha e na Suécia para garantir sempre o pagamento de manutenção da melhor qualidade. Em contraposição, a maioria dos projetos de habitação popular dos Estados Unidos é construída por meio de deduções tributárias – estratégia cada vez mais ineficaz que produz um volume baixíssimo de casas, beneficiando mais construtoras que ocupantes. E essas deduções ineficientes atrasam a construção.

Uma diversidade de estruturas econômicas e de governança também seria essencial para um Green New Deal para a habitação. O financiamento federal deve permitir a experiência com cooperativas habitacionais e termos territoriais coletivos, ao lado de casas construídas e administradas pelos governos locais. Em cidades como Filadélfia e Baltimore, as novas unidades poderiam ser desenvolvidas com a compra e a reforma de propriedades abandonadas e decrépitas para transformá-las em fundos de fideicomisso territorial coletivo administrados localmente para recuperar o patrimônio da comunidade. As casas públicas devem ser construídas com diferentes formas e tamanhos, dependendo do contexto, seja de um grande centro urbano, um subúrbio, uma cidade pequena, seja uma reserva indígena. As novas construções precisam ser integradas às comunidades locais, e uma auditoria e fiscalização agressivas precisam acabar com o oportunismo e a corrupção: da Viena Vermelha ao New Deal, garantir a idoneidade dos projetos públicos foi essencial para fortalecer o apoio massivo a eles. Quando as comodidades públicas são úteis e bonitas, as pessoas não se desfazem delas.

Deslocando

Também precisamos encontrar formas melhores de sair de casa e nos deslocarmos. Os SUVs e carros movidos a gasolina são péssimos para o clima. Entre os 28% de emissões de gás do efeito estufa causados por veículos nos Estados Unidos, mais da metade vem só de automóveis de passageiros.[133] Mas as soluções mais conhecidas são fantasias tecnocráticas. Estiquemos então um pouco as pernas de algumas alternativas democráticas.

---

133 "Fast Facts on Transportation Greenhouse Gas Emissions", Agência de Proteção Ambiental dos Estados Unidos, junho de 2019, disponível em: epa.gov.

Como será detalhado no próximo capítulo, substituir todos os carros com motor a combustão por veículos elétricos provocaria um aumento vertiginoso da mineração de lítio, cobalto, cobre e outros minerais, muito mais do que precisamos e do que as comunidades próximas dessas operações aguentam. Além disso, não queremos viver em um sonho verde neoliberal patético de cidades cintilantes anônimas abarrotadas de carros autônomos da Tesla. Também não nos impressiona a fantasia urbanista chauvinista de que todo mundo pode morar em uma cidade tipo Manhattan, fazendo todos os trajetos a pé ou de bicicleta, carregando uma sacola cheia de alho-selvagem e um sorriso presunçoso diante do próprio virtuosismo ambiental.

Ao contrário, um Green New Deal radical para a mobilidade pode, ao mesmo tempo, acolher a eficiência e enfatizar o controle público, a liberdade, a saúde e, sobretudo, o deslocamento compartilhado. É possível tratar com flexibilidade e cuidado o que está nos espaços urbanos e para além deles.

O objetivo de cidades e subúrbios é implantar um sistema de transporte público que seja gratuito e de tão boa qualidade que a maior parte da população apoiará a adoção de grandes restrições (e, futuramente, a proibição) ao veículo particular. Nosso pau pra toda obra seria o ônibus elétrico, operado por motoristas sindicalizados. Atualmente, mais de 99% dos 425 mil ônibus elétricos do mundo operam na China.[134] Os Esta-

[134] "Electric Bus, Main Fleets and Projects Around the World", Sustainable Bus, 2 de outubro de 2018, disponível em: sustainable-bus.com.

dos Unidos devem construir e implantar mais desses modelos no país. Considerando a vida útil de um ônibus urbano comum, os veículos elétricos já estão mais baratos que os modelos movidos a *diesel*. Além disso, são mais confortáveis, quase silenciosos e não emitem gases de escape. É atrás desse tipo de ônibus que você quer andar de bicicleta.

Detroit poderia se desfazer das linhas de produção de SUV e colocar seus trabalhadores e trabalhadoras sindicalizados para fabricar ônibus elétricos. Os sindicatos de quem trabalha no transporte público e em montadoras poderiam se unir para exigir mobilidade limpa e coletiva. Nossa inspiração vem do crescimento dos riquixás[135] elétricos na China e na Índia – se houver uma forma de integrá-los aos Estados Unidos, apoiaremos. Também observamos a onipresença de minivans e micro-ônibus compartilhados no Sul Global, e também cada vez mais comuns no Norte, como no caso das *dollar vans* do bairro de Flatbush, na cidade de Nova York. Nossa inspiração vem de todas essas variantes de mobilidade coletiva.

Então, sim. Queremos mais trem-bala, transporte ferroviário regional, metrô e bonde. E vamos conseguir. Até mesmo o trólebus, que opera com cabo em vez de bateria, é melhor a longo prazo: mais barato e com consumo menos intenso de recursos. Mas construir infraestrutura nova leva tempo. As cidades poderiam começar pintando, desde já, faixas exclusivas de ônibus para operação local e expressa, praticamente de gra-

---

135 N. de E.: carroças com um único eixo de rodas, tradicionalmente puxados por um ser humano, comuns ao subcontinente indiano e à China.

ça. Com a pressão de manifestações, São Paulo criou centenas de quilômetros de faixas para ônibus só no período de 2013 a 2014. E a viagem de ônibus entre cidades está ficando mais popular, por ser barata, tranquila e cada vez mais conectada com a internet. Vamos intensificar ainda mais isso. Eletrificar os ônibus, pintar faixas prioritárias de ônibus em rodovias interestaduais e instalar estações nos subúrbios para fugir do trânsito nas cidades.

Mas os ônibus não resolvem tudo. Atualmente, as últimas etapas da implantação de soluções de mobilidade são as mais difíceis, em especial para quem não pode fazer os trajetos a pé, de bicicleta ou patinete. Em todo o país, é comum se recorrer ao táxi ou ao serviço de transporte privado para lidar com as lacunas de um sistema público irregular. As pessoas também usam essas opções para fazer compras e resolver coisas do dia a dia. O transporte privado, com aplicativos como Uber Pool e Lyft Line, está expulsando agressivamente o transporte público, com alternativas caras para quem é rico ou tem urgência. Precisamos garantir às agências de transporte o nível de financiamento que elas precisam. Também precisamos reconhecer a ameaça de projetos como o fracassado serviço Chariot, da Ford, uma experiência de minivans maiores implantada em São Francisco como opção de transporte. Essas empresas querem sugar os passageiros dos ônibus, bondes e talvez até do metrô. E vão continuar tentando. Qual é a alternativa para esse *ecoapartheid* sobre rodas?

Imagine uma organização pública que utilize os melhores algoritmos para criar minivans que acomodem amantes da madrugada, carrinhos de bebê, cadeiras de rodas e andadores.

Helsinque já tentou algo assim: o Kutsuplus foi um serviço público rudimentar de minivan nos moldes do Uber Pool que foi aclamado na internet. A viagem custava cerca de 5 euros, um pouco mais que os 3 euros da passagem de transporte normal. O serviço reuniu um grupo fiel de seguidores, mas acabou sendo cancelado em 2016 em meio às políticas de austeridade[136]. Tudo que o programa precisava era de uma grande injeção de recursos para aumentar a frota e melhorar o *software*.

Um Green New Deal radical poderia investir em algoritmos e *design* de aplicativos. O Departamento de Transporte dos Estados Unidos poderia fornecer os recursos de capital para expandir o sistema rapidamente. As cidades e os bairros do país poderiam integrar os serviços flexíveis a suas redes. Um Green New Kutsuplus (alguém, por favor, invente um nome melhor) seria inclusive mais útil nos subúrbios e nas cidades pequenas próximas de centros urbanos, onde um itinerário regular de ônibus não é prático, pela baixa densidade, o que relega a população trabalhadora aos serviços caros de transporte privado como única forma de chegar ao trabalho.

Das reservas indígenas às antigas cidades mineiras da Appalachia, as agências locais de transporte e as cooperativas de trabalhadores poderiam operar pequenas frotas de minivans elétricas rápidas, livrando o direito de ir e vir do ônus financeiro – e da pegada ecológica – de se ter um carro. Sim, também haveria carros elétricos. A questão é que não deveria haver *só* carro.

---

136 Olli Sulopuisto, "Why Helsinki's On-Demand Bus Service Failed", *City Lab*, 7 de março de 2016, disponível em: citylab.com.

A chave para um Green New Deal radical é reimaginar a densidade. Não queremos um modelo que tente se aplicar a todas as situações, com vários prédios amontoados. Em vez disso, nosso trabalho se volta para uma densidade de liberdades sem carbono, apoiadas por infraestruturas flexíveis e uma grande variedade de instituições. Cada grupo e lugar diferente encontrarão a liberdade do seu próprio jeito.

Paisagens lúdicas

A descarbonização fica mais fácil quando vista por uma perspectiva abrangente. Um pensamento sistêmico e uma ambição mais ampla podem fortalecer o apoio social e político. É possível nos organizarmos em torno do imperativo da eliminação das emissões de carbono para retomar o controle da matemática de ponta, deixar nossas paisagens mais bonitas, aliviar nossa mobilidade e garantir a oferta de casas agradáveis.

A discussão tem uma última etapa. Como sugerido ao longo do livro, parte da crise ecológica vem da produção em excesso e do uso de produtos ruins de que nem precisamos. E, como indicado no último capítulo, a garantia de serviços públicos e jornadas de trabalho semanais mais curtas nos proporcionarão mais tempo. Mas onde vamos gastar esse tempo? Não pode ser no *shopping*. O New Deal anterior mostra o resultado do investimento federal em espaços compartilhados de lazer.

Na época, tratou-se essencialmente de um modelo econômico: a construção de espaços de lazer colocava as pessoas para trabalhar produzindo coisas boas para elas próprias e seus vizinhos, melhorando a vida de quem não era rico. Aplicar medidas parecidas hoje também representaria um modelo climático: esporte, brincadeira, cultura, reflorestamento e restauração de ecossistema são atividades consistentes com a descarbonização e com a nossa proteção contra os desastres climáticos. Na maioria dos casos, também envolveriam paisagens de jogos sem emissão de carbono.

Na década de 1930, os reformistas do New Deal tinham receio de que, com o fim da Lei Seca nos Estados Unidos e a jornada de trabalho reduzida para quarenta horas semanais, trabalhadores e trabalhadoras usariam esse novo tempo livre para transformar o país em um imenso boteco, se dissipando em uísque, pôquer e prostituição. O movimento de recreação pública entendeu as melhorias ao ambiente construído como uma forma mais saudável de reduzir a "desigualdade de lazer" entre o tempo livre da classe trabalhadora e as comodidades disponíveis. A paranoia era boba. Mas as medidas preventivas foram gloriosas.

As agências do New Deal investiram mais em recreação pública que quase qualquer outra forma de infraestrutura, rivalizando com o sistema de saneamento e a estrutura educacional em termos de aporte total de recursos. Valeu a pena. Cidades como Filadélfia expandiram áreas verdes imensas, como o Wissahickon Valley Park, que continua maravilhoso. Nova York triplicou sua oferta de parquinhos, São Francisco duplicou o número de parques. O New Deal também ajudou a nacionalizar as praias do país e a financiar a construção de orlas espetaculares, como na Orchard Beach do engenheiro Robert Moses no distrito do Bronx, com uma colunata, restaurantes, calçadão, área para jogos e piquenique e quadras de tênis e handebol. Moses também construiu dez piscinas públicas magníficas em Nova York, que até hoje ficam cheias de banhistas. Só na cidade, o governo Roosevelt financiou a mão de obra de 1.800 projetistas, desenhistas e engenheiros na agência de Moses, toda dedicada ao lazer público. Cidades grandes como Chicago, Milwaukee e São Francisco (e outras menores, como Raleigh, na Carolina do Norte; Kearney, em Nebrasca; e Stearns, no Kentucky) também ganharam piscinas e balneários.[137]

O movimento de recreação pública dos anos 1930 também se expandiu para além dos centros urbanos: o Corpo Civil de Conservação construiu estruturas recreativas, e Roosevelt multiplicou os parques nacionais do país. Até o sistema de energia do New Deal virou destino turístico. Quase 4,5 milhões de pessoas visitaram barragens da TVA na primeira década. Tudo bem que pode ser difícil fazer esse monte de gente se impressionar com parques eólicos e campos de painéis solares, por mais cuidadoso que sejam os projetos. Mas os programas massivos de conservação, restauração de ecossistemas e refaunação que o Green New Deal defende não serão dedicados apenas à redução de emissões de carbono. Dá para imaginar turistas dando uma escapadinha da cidade em um ônibus elétrico ou um ônibus elegante para acampar perto de um lago ou ficar de bobeira na praia. Já outras pessoas vão na opção mais exigente: fazer uma trilha no pé de uma montanha vicejante, observar pássaros nos pântanos espessos e áreas úmidas, andar de

137 Phoebe Cutler, *The Public Landscape of the New Deal* (Yale University Press 1985).

caiaque em um rio agitado. Pessoas de todas as idades podem colher maçãs, abóboras e pequenos frutos, só que, agora, também aprenderão novas técnicas sofisticadas de cultivo de bons alimentos com baixa emissão de carbono, no novo sistema de agricultura sustentável que todo mundo quer. Como afirmou o paisagista Billy Fleming, um Green New Deal poderia, mais uma vez, fazer um bom uso público de grandes talentos do desenho e do projeto.[138]

Também podemos utilizar o Green New Deal radical para revitalizar um dos nossos maiores passatempos coletivos: o esporte. Hoje, os recursos públicos são direcionados para estádios gigantescos que sugam um volume enorme de energia, para alimentar uma cultura corporativa que sequestra o entusiasmo da juventude, paga valores altos demais para proprietários e grandes astros e destroça a vida de atletas de talento que não chegam ao topo. Enquanto isso, pais e mães gastam horas e pequenas fortunas em cursos de futebol ou natação para seus filhos e filhas, e adolescentes jogam basquete em quadras precárias. Um Green New Deal radical faria do acesso fácil a estruturas esportivas de qualidade um direito para todas as pessoas.

Construindo a liberdade

Reconstruir o mundo para alcançar a justiça climática é uma questão de transformar a forma como trabalhamos e vivemos

---

[138] Billy Fleming, "Design and the Green New Deal", *Places*, abril de 2019, disponível em: placesjournal.org.

– a pedra, o vidro, a madeira e o aço que modelamos com as nossas mãos para nos proteger das intempéries – e nos conectar com a beleza de cada elemento. A política das mudanças climáticas e a transformação do ambiente construído são exatamente a mesma coisa, caramba.

Essas políticas precisam ser antirracistas até o osso. Hoje, nossos espaços enfrentam uma segregação profunda, em muitos casos, graças ao New Deal, quando os liberais do norte que apoiavam Roosevelt fecharam acordos com os democratas supremacistas brancos do sul dos Estados Unidos, excluindo a população negra dos programas que melhorariam a vida das pessoas.

O conjunto habitacional da barragem Norris que Roland Wank construiu para operários da obra e pessoas desalojadas excluiu os negros e negras americanos da lista de beneficiários, embora estivesse localizada na região do sul dos Estados Unidos, onde há uma imensa população negra. Enquanto isso, as barragens do Rio Columbia, no noroeste do país, perturbavam gravemente os modos de vida indígena. A frente cultural do New Deal teve uma atuação melhor, empoderando pessoas não brancas para que elas pudessem contar a própria história por uma grande variedade de formas artísticas. Mas dá para melhorar mais.

Um Green New Deal radical investiria nas nações indígenas, nas comunidades não brancas e nos grupos da classe trabalhadora de maneira que lhes ofereça poder sobre o ambiente construído à sua volta. Financiar cooperativas e termos territoriais coletivos para sistemas de habitação, energia e transporte é apenas um exemplo da diversidade de modelos que queremos promover por meio de investimento e experimentação. As comunidades que lutam por justiça ambiental, e que enfrentam o impacto mais direto da poluição, devem ser as primeiras na fila para ganhar ônibus elétricos limpos, melhorias nas residências, arborização urbana e piscinas novas. Direcionar investimento para os grupos e lugares que mais sofrem não é só uma indenização. Trata-se de uma alavanca eficiente e eficaz para promover, ao mesmo tempo, descarbonização e emancipação.

Nas décadas de desespero neoliberal, muitas vezes parecia impossível imaginar que o mundo físico pudesse reagir a projetos políticos, e que a infraestrutura pudesse ser um meio para promover uma ação radical e rápida conduzida por populações democráticas. Hoje, a mudança na infraestrutura é carcerária, como a construção de uma infinidade de presídios novos. Ou, dando uma roupagem um pouco mais amistosa, ela vem com uma série de taxas: no aplicativo para pagar o estacionamento, no pedágio, no aumento da tarifa de um serviço precário de metrô. Infraestrutura como um fardo decadente e inerte.

Basta disso. Ao reinventar as instituições estatais e investir democraticamente, daremos nova forma ao nosso ambiente construído de modo a promover a descarbonização, o aumento da segurança e a abolição das desigualdades. Isso vai além de uma fiação elétrica conectando projetos bonitos de habitação pública, trens rápidos e paisagens verdejantes de energia renovável pública. Esses projetos se conectarão com um sonho irresistível. Serão pessoas comuns que tomarão o controle do lugar delas no mundo. Impedir a emergência climática representará a nossa chance de construir luxos comunais gloriosos, em cada árvore plantada, cada lâmpada conectada e cada pedra esculpida.

Capítulo 4
Recarregando o internacionalismo

No futuro que acabamos de descrever, moraríamos em uma habitação acessível e completamente eletrificada, reduziríamos nossa demanda de energia com algoritmos democráticos e usaríamos transporte gratuito que não emite carbono para nos deslocarmos (menos) para o trabalho e (mais) por lazer, usufruindo de parques, teatros e paisagens agradáveis. Mas precisaremos de movimentos sociais e formulação de políticas públicas fortes para transformar isso em realidade.

Também precisaremos de minerais que são extraídos da terra. Assim como o sistema que se sustenta com combustíveis fósseis, a energia produzida a partir de fontes renováveis exige a extração de recursos naturais de todo o mundo: cobalto, cobre, lítio, níquel e uma variedade de minerais de terras-raras utilizados na produção de painéis solares, turbinas eólicas, sistemas de armazenamento em baterias e veículos elétricos. Mas a extração e o refino desses elementos podem provocar prejuízos sociais e ambientais intensos, custos que não aparecem no balancete das empresas. E com a preocupação cada vez maior dos capitalistas da tecnologia limpa de proteger esses insumos essenciais, suas fronteiras extrativas emergem como novos campos de batalha nas guerras comerciais e na política do poder global.

Caso os capitalistas deflagrem mais uma guerra fiscal, a economia global da energia renovável poderia reproduzir a violência e as degradações do capital do combustível fóssil e, ao mesmo tempo, atrasar a descarbonização global. A promoção de um Green New Deal pode ajudar a evitar uma expansão exploradora brutal da mineração e dar início à construção de uma economia de energia global mais justa e sustentável.

Os Estados Unidos têm um papel crucial nessa história. Hoje, o país é o maior obstáculo à justiça climática global. É um dos maiores emissores de carbono do mundo, tanto em termos absolutos quanto *per capita*, e está aumentando as exportações de combustíveis fósseis em ritmo mais acelerado que qualquer outro país. Nas primeiras décadas do século XXI, os Estados Unidos bloquearam acordos globais sobre a questão climática e forçaram a adoção de acordos comerciais globais, ajudando a elaborar as regras comerciais para favorecer o poder corporativo acima de tudo. Aqui, argumentamos que o caminho para avançar na ação climática global não está apenas no aumento das negociações internacionais, mas também exige enfrentar os pontos onde as instituições da economia global e a crise climática se conectam.

A mobilização e a legislação nacional que descrevemos até aqui já fariam uma enorme diferença para a política climática global. Mas as fronteiras do Estado nacional não podem representar os limites da nossa imaginação política. Para um Green New Deal confrontar as dimensões planetárias das mudanças climáticas, seu escopo deve ser internacionalista, construindo novas solidariedades e parcerias com movimentos sociais e governos de todo o mundo. Isso envolve a diplomacia entre

Estados e a renegociação de regras comerciais, além da coordenação internacional de movimentos sociais, para obrigar governos e empresas a respeitar valores democráticos.

Mas ficar promovendo reuniões e cúpulas não é suficiente para mudar as estruturas econômicas. Também precisamos nos envolver diretamente com as cadeias de abastecimento onde os minerais essenciais do setor de energia renovável são extraídos, produzidos e, por fim, distribuídos. A transição rápida e abrangente da matriz energética que apresentamos já nos mergulha nos desafios éticos, econômicos e ecológicos que advêm de uma economia baseada em energia renovável.

Devemos sempre seguir o rastro do dinheiro: os capitalistas e seus cúmplices políticos estão correndo para abocanhar o controle dos recursos e a preferência na produção de baterias e veículos elétricos. Como afirmou um analista ao *Financial Times*, "quem controla essas cadeias de abastecimento controla o poder industrial do século XXI".[139] Precisamos nos engajar nesse campo emergente. A competição capitalista e estatal que está dando forma a essas cadeias ameaça aprofundar os desequilíbrios de poder que estruturam as relações globais. Mas, por outro lado, a reestruturação disso oferece uma oportunidade para fortalecer a cooperação internacional por uma descarbonização rápida e igualitária.

---

[139] Ed Crooks, "US, Canada and Australia Join Forces to Tackle Metal Shortage Risk", *Financial Times*, 11 de junho de 2019.

As fronteiras extrativas do modelo 100% renovável

Promover uma transição para fontes de energia renovável significa reduzir a exploração de carvão e a perfuração de poços de petróleo. Isso é bom: de outro modo, estaríamos diante da ruína. Mas a produção de energia renovável exige o aumento de outras formas de extração. Parte disso significa expandir setores já imensos da mineração, como o de cobre, elemento essencial para a instalação elétrica. Outros setores novos vão crescer exponencialmente, como o de lítio, cobalto e de um monte de minerais de terras-raras.

Veja o exemplo das baterias recarregáveis, essenciais para a eletrificação do transporte e para o armazenamento de energia solar e eólica intermitente. O cobalto é um ingrediente fundamental para elas. Mais da metade da oferta mundial hoje é extraída na República Democrática do Congo, de minas cavadas por mãos de crianças e com parca defesa da segurança de quem nelas trabalha. A mineração e o refino de grafite, outro componente da bateria, provocam poluição do ar e da água no nordeste da China. As minas e fundições de níquel, localizadas, em sua maioria, na Austrália, no Canadá, na Indonésia, nas Filipinas e na Rússia, contaminam o ar e a água (recentemente, as Filipinas fecharam diversas minas por causa do impacto delas sobre o meio ambiente e a saúde). Grande parte das próprias baterias é produzida em fábricas chinesas que ainda operam à base de carvão. E não existe muita infraestrutura de reciclagem de bateria, então, ao fim da vida útil, elas acabam virando lixo tóxico.

Outro elemento essencial para a bateria recarregável é o lítio. Os componentes químicos desse elemento – hidróxido e carboneto – são necessários para a produção de baterias leves, portáteis e com boa densidade de energia para alimentar celulares, *laptops*, carros, motonetas, ônibus e bicicletas elétricas, além de baterias estacionárias que armazenam energia de redes elétricas renováveis.

O lítio é muito reativo e instável para ocorrer livremente na natureza. Ele existe em compostos com outros minerais em formações rochosas ou é encontrado dissolvido como íon em salmoura, solução de água saturada de sal. Mais da metade das reservas mundiais de lítio estão em poços de salmoura abaixo da superfície nos desertos de sal dos Andes, na Argentina, na Bolívia e no Chile, em altitude elevada, na vastidão bruta de um branco brilhante salpicado de cinza com lagoas tingidas de vermelho pela interação entre algas, sol e vento.

Como a transição para fontes renováveis vai afetar o mercado de lítio? Se continuarmos consumindo energia da forma como fazemos hoje, o apetite global será voraz. Os veículos elétricos seriam, de longe, os maiores causadores disso. Se as normas de transporte não mudarem, esses automóveis serão, em sua grande maioria, individuais de passageiros. E quanto maior a autonomia do carro, maiores devem ser as baterias, e mais lítio (e cobalto e níquel e grafite) será necessário.

Segundo as previsões do Institute for Sustainable Futures (Instituto para Futuros Sustentáveis), se o mundo concluir a transição total para fontes de energia renovável até 2050, a demanda por lítio chegaria a 280% das *reservas* globais (volume de extração de um mineral que é economicamente viável) e 85% dos *recursos* globais (volume de extração desse mineral que é tecnicamente possível).[140]

Embora se estime que a demanda por veículos elétricos deva disparar, é difícil encontrar financiamento para novos projetos de extração de lítio, em parte porque pode demorar anos para os investimentos de longo prazo darem retorno. Agora, os fabricantes de cátodos, baterias e veículos elétricos estão correndo para fechar negócios e garantir o acesso ao mineral. A saber: em 5 de abril de 2019, o Grupo Volkswagen firmou uma parceria com a produtora de lítio chinesa Ganfeng para abastecer sua linha de veículos elétricos, que deve lançar setenta modelos novos no próximo ano.[141] A parceria faz parte do que a empresa chama de estratégia de "ofensiva elétrica". A Ganfeng também já assinou contratos de fornecimento com a LG Chemicals, a Tesla e a BMW.[142]

E não são só as grandes corporações que estão na disputa. A cadeia de abastecimento prevista para o setor de veículos elétricos está se transformando em um novo campo de batalha geopolítica. Em maio de 2019, o governo Trump impôs uma tarifa de 25% sobre uma variedade de importações da China, incluindo peças e carros elétricos, o que limitou gravemente a

---

140 Institute for Sustainable Futures, University of Technology, Sydney, *Responsible Minerals Sourcing for Renewable Energy*, Earthworks, 17 de abril de 2019, disponível em: earthworks.org.

141 "Volkswagen Secures Lithium Supplies", Volkswagen AG, 4 de abril de 2019, volkswagen-newsroom.com.

142 Elena Mazneva, "China Moves Closer to Battery Domination with VW Lithium Deal", bloomberg.com, 5 de abril de 2019.

penetração desses produtos nos mercados dos Estados Unidos. Em contrapartida, o presidente Xi Jinping ameaçou restringir as exportações de minerais de terras-raras, o que dificultaria a produção de veículos elétricos, turbinas eólicas e painéis solares pelos Estados Unidos.

O controle da China sobre a oferta de lítio é igualmente importante. Dois terços das baterias de lítio são produzidos no país, e as empresas chinesas são donas ou investidoras da maioria dos grandes projetos de mineração de lítio, sobretudo no Chile e na Austrália.

O governo dos Estados Unidos rebate com suas próprias medidas para garantir acesso ao lítio e outros minerais, muitas vezes com uma linguagem belicosa, recorrendo a questões de segurança nacional e "domínio da energia". Em dezembro de 2017, Trump assinou o decreto de número 13.817, que estabeleceu uma "estratégia federal para garantir a oferta segura e confiável de minerais essenciais". Em maio de 2019, a senadora republicana Lisa Murkowski, do Alasca, e o senador democrata Joe Manchin, da Virgínia Ocidental, apresentaram a Lei de Segurança Mineral dos Estados Unidos, para modernizar o processo de licenciamento de minas de lítio no país, afrouxando os requisitos ambientais para propostas de exploração de salmouras no sul da Califórnia e em Nevada.[143]

143 Louis Sahagun, "A War Is Brewing over Lithium Mining at the Edge of Death Valley", *Los Angeles Times*, 7 de maio de 2019; Ernest Scheyder, "US Senate Moves Forward on Plan to Develop Electric Vehicle Supply Chain", *Reuters*, 14 de maio de 2019.

Em meio às batalhas pelo controle desses minerais agora valiosos, fica perdido um fato simples: quanto menos energia utilizarmos, menos necessidade teremos desses mesmos minerais. Não existe nenhuma lei de ferro (nem de cobre, nem de lítio) que diga que o futuro do automóvel elétrico precisa ser dominado por carros. Ônibus e vans podem transportar o mesmo número de pessoas com a mesma eficiência, com uma fração do consumo de lítio. Como argumentamos no capítulo anterior, uma transição para energia limpa que tenha como foco a redução da demanda de energia facilitaria e agilizaria muito a meta de zerar as emissões de carbono, e exigiria menos extração de coisas da terra. Essa pauta tem uma harmonia extraordinária com as demandas de muitas comunidades que sofrem diretamente os impactos dessa nova extração de minerais.

Da salmoura à bateria

Hoje, cerca de 30% da produção global de lítio se origina no Chile. O país contém as maiores reservas do mundo, com condições de produção particularmente rentáveis e diversos novos projetos em fase de exploração. O que a transição global para fontes renováveis significa para as comunidades afetadas pela extração desse mineral que agora se torna essencial?

Em um bairro popular de Santiago, na capital chilena, um mural proclama uma visão nacionalista sobre o recurso – *El litio para Chile* (Lítio para o Chile).[144] Essa demanda vem de

[144] Este trecho traz informações do trabalho de campo conduzido por Thea Riofrancos no Chile no segundo semestre de 2019.

uma longa história de reivindicação dos recursos naturais da América Latina – em muitos casos, o petróleo – para o povo.

A mais de 1.600 quilômetros dali, no norte do Chile, a mensagem é diferente. À beira de uma estrada entre o centro turístico de San Pedro e Toconao – uma das 18 comunidades indígenas afetadas pela extração de lítio –, a mensagem pichada declara oposição total à mineração, tanto de lítio quanto de cobre.

Em janeiro de 2018, as comunidades bloquearam essa estrada para protestar contra a atividade mineradora. O governo tinha acabado de assinar um contrato com a multinacional SQM, o que triplicou a cota de extração de lítio da empresa e estendeu a vigência do seu arrendamento até 2030, apesar da dívida de milhões em impostos que a companhia tem com o Estado e do fato de ela ter sido flagrada em um caso de financiamento ilegal a políticos e partidos. Uma das maiores produtoras de lítio do mundo, a SQM era uma empresa estatal até ser privatizada pela ditadura de Augusto Pinochet[145]. É óbvio

---

145 N. de E.: Augusto José Ramón Pinochet Ugarte (1915-2006) foi ditador do Chile, ascendendo ao poder com o golpe de Estado contra o presidente democraticamente eleito, e socialista, Salvador Allende, em 11 de setembro de 1973. Esse golpe instaurou um regime militar sob o comando pessoal de Pinochet que durou até 1990, deixando marcas profundas na sociedade e no Estado chileno. Por um lado, Pinochet imprimiu a velha lógica do militarismo latino-americano, com seus contornos fascistas, mas, por outro lado, a usou como uma forma de construir uma economia capitalista financeirizada e privatizada, o que consagrou o uso do termo "laboratório chileno" para designar o Chile como

que a exploração corporativa é ruim, mas ainda não está claro qual é a melhor alternativa a ela.

As posições expressadas nos dois grafites – nacionalismo de recursos e oposição das comunidades impactadas – são críticas distintas, feitas pela esquerda, à extração. A primeira vê o problema na dominação do capital estrangeiro. A segunda foca a destruição dos ecossistemas e dos meios de vida. A principal diferença entre as duas visões é como elas respondem a questões centrais: quem decide se e quanto extrair – e para quem vai o benefício? Uma maioria nacional ou as comunidades locais?

A contradição contundente no cerne da transição energética está no fato de que é preciso deixar as fontes sujas de petróleo, carvão e gás para evitar o caos climático, mas os processos extrativos necessários para concretizar um mundo alimentado por energia solar e eólica envolvem suas próprias consequências sociais e ambientais devastadoras. Esta última alternativa pode não ameaçar tanto o clima global quanto a poluição por carbono. Mas deveria ser exigido das mesmas comunidades exploradas por quinhentos anos de capitalismo e violência colo-

---

precursor em escala global do neoliberalismo – ainda que o mais correto fosse dizer "o capitalismo financeirizado contemporâneo", no qual forças de direita misturam tradições como o liberalismo e o conservadorismo ao fascismo. Mesmo após o fim da ditadura, o pinochetismo lançou uma pesada sombra sobre a democracia chilena, embora esse espectro tenha, finalmente, passado a ser questionado de forma contundente nos últimos anos, na forma das grandes manifestações de 2019, as quais ensejaram o movimento por uma nova constituinte (a Constituição chilena atual é apenas uma versão reformada daquela que Pinochet impôs aos chilenos).

nial que aguentem o fardo da transição para fontes de energia limpa, só para facilitar um pouquinho essa mudança para os suburbanos ricos que adoram um SUV?

Essa análise remete ao trabalho de Sergio Cubillos, de 29 anos, presidente do Conselho dos Povos Atacamenhos, associação de dezoito comunidades indígenas do entorno do Salar do Atacama, de onde é extraído todo o lítio exportado do Chile. Nesse deserto de sal, Cubillos denuncia que a mineração está sugando a água, diminuindo a biodiversidade e violando os direitos territoriais dos povos indígenas.

Cubillos afirma que o Salar corre o risco de se tornar uma "zona de sacrifício hidrológico".[146] Atrás da Antártida, a região é o segundo lugar mais seco do planeta, e está ficando mais seco a cada minuto, graças aos setores de exploração do lítio e do cobre. Em toda a Puna do Atacama, o imenso altiplano andino que atravessa o Chile, a Argentina e a Bolívia, o lítio é extraído de salmouras localizadas abaixo do deserto de sal. Minerar o lítio, essencialmente, significa minerar a água.

Sozinha, uma empresa de mineração de lítio remove salmoura em um ritmo de 1.700 litros por segundo, transportando esses volumes para enormes lagoas de evaporação que deixam a radiação solar concentrar ainda mais o valioso mineral. A remoção da salmoura da complexa bacia hidrográfica do Salar duplica a ameaça às espécies que vivem nas regiões úmidas do altiplano, como o flamingo-andino, que se alimenta de artêmias, e o risco de rebaixamento do lençol freático, reduzindo o acesso dos povos indígenas atacamenhos à água

---

146 Entrevista a Thea Riofrancos, 13 de março de 2019.

doce. Isso só se soma ao ritmo assombroso de extração de água doce exigido pelas minas de cobre próximas, que a utilizam no processamento. Uma das duas grandes empresas de cobre que detêm os direitos sobre a água no Salar extrai 1.800 litros por segundo.

Juntas, as duas indústrias criaram um desequilíbrio hidrológico macabro. A região perde cerca de 2 mil litros a mais de água do que ganha por segundo. Nesse contexto, o conselho declarou oposição a qualquer nova operação de extração de lítio no Salar do Atacama e nas dezenas de outros desertos de sal do norte do Chile. Como aponta Cubillos, "basta de empresas, basta de extração".

O conselho está envolvido em diversas formas de ação judicial. Já a resistência mais ampla é menos delicada. Os povos atacamenhos provavelmente continuarão realizando o tipo de bloqueio de estrada e ação direta que já organizavam. Enquanto isso, a posição do conselho já está começando a incomodar os investidores: em fevereiro de 2019, a canadense Lico Energy abandonou um projeto de exploração no Salar do Atacama porque, nas palavras da instituição, "a oposição das comunidades indígenas locais é imensa e generalizada, e a empresa não vê nenhuma possibilidade de esse projeto ou essa propriedade ser explorada nem desenvolvida de forma realista no futuro por nenhuma entidade empresarial".[147]

A extração de lítio também está criando novas formas de construção de movimentos transnacionais. O recém-fundado

---

147 "Lico Energy Formally Drops the Purickuta Lithium Property Due to Unworkable Property Conditions", Lico Energy Metals

Observatório Plurinacional de Salares Andinos está costurando uma rede de comunidades afetadas, ambientalistas e cientistas da Argentina, da Bolívia e do Chile. A entidade tem uma forma de organização singular: é plurinacional porque inclui membros desses três países e também por reconhecer as múltiplas nacionalidades indígenas dentro das fronteiras de cada país.

Um dos fundadores do observatório, Ramón Balcazar, explica que, em vez de se definir em termos negativos, como uma organização "contra a mineração do lítio", os membros da entidade optaram por se concentrar em uma visão positiva dos desertos de sal como sistemas socionaturais complexos e ambientalmente vulneráveis com valor cultural, científico e econômico. Por meio de uma série de convergências entre a militância, começando no Chile, depois passando para outros lugares do Altiplano, o observatório espera promover formas de desenvolvimento ecologicamente sólidas e democraticamente articuladas na região.

De forma decisiva, esse é um internacionalismo construído pela base. Seus membros compartilham informações e estratégias e podem, um dia, coordenar ações que atravessem fronteiras nacionais e vençam as probabilidades logísticas de se organizar movimentos em zonas rurais desassistidas. Durante centenas de anos, as elites fragmentaram os povos indígenas dos Andes e os submeteram (assim como camponeses não indígenas) a formas predatórias de desenvolvimento capitalista:

Inc., 18 de fevereiro de 2019, disponível em: Licoenergymetals.com.

na mineração do nitrato de sódio, do cobre e, agora, do lítio. Hoje, o observatório, junto de uma rede mais ampla de organizações indígenas e ambientais que a entidade conecta, oferece uma visão de mundo em que os ecossistemas e territórios não sejam sacrificados em nome da mitigação das mudanças climáticas. A luta delas é por uma alternativa para o que a professora de serviço social e membro do observatório Barbara Jerez chama de "ecocolonialidade": o aprofundamento do extrativismo em nome da prevenção às mudanças climáticas.[148] Ao lado da batalha indígena e ambiental está a luta da classe trabalhadora. Miguel Soto era funcionário da SQM antes da privatização da empresa e ficou um ano preso depois do golpe de 1973. Por uma falha técnica do regime, ele conseguiu voltar ao trabalho depois de ser solto e, apesar da repressão generalizada contra pessoas de esquerda, atuou como dirigente sindical. O sindicato de que fazia parte, o Industrial Chile, congrega trabalhadores e trabalhadoras do setor metalúrgico, têxtil, manufatureiro e florestal, entre outros, e começou a organizar o operariado nas fábricas de lítio em 2000. No setor de instalação, a categoria é representada de forma fragmentada, por 33 sindicatos, resultado da retrógrada lei trabalhista chilena. E o ambiente é arriscado para sindicalistas: a SQM já demitiu inúmeros dirigentes como parte de uma estratégia antissindical coordenada.

Em 2016, Soto, dirigentes de outras confederações sindicais e políticos de esquerda lançaram o Movimento Lítio

---

148 Apresentação, *Energías Verdes y Extractivismo en Salares*, Universidade do Chile, 12 de abril de 2019.

para o Chile. Eles declararam o esgotamento do modelo de acumulação movido a exportações do país, que gerou riqueza para empresas estrangeiras e deixou um rastro de pobreza pelo caminho. A organização pede a suspensão de todos os novos contratos com empresas de lítio e a nacionalização da SQM, citando a nacionalização do cobre promovida por Salvador Allende em 1971. A posição da entidade reverbera as conclusões de uma Comissão do Lítio convocada em 2014 pelo governo de centro-esquerda de Michelle Bachelet. De forma unânime, a comissão recomendou que o Estado reestabeleça seu papel de "proprietário autêntico dos recursos de lítio", e quase todos os membros votaram a favor da criação de uma empresa estatal para desenvolver os projetos no setor.

A ideia de nacionalizar o lítio é popular entre muitas pessoas comuns no Chile, embora seja pouco provável que aconteça logo. E apesar de ativistas indígenas e ambientalistas em geral concordarem, em tese, que a propriedade estatal seria melhor que o capital privado, grande parte dessa militância não acredita que uma empresa estatal desviaria da lógica extrativista de suas correspondentes privadas. A Codelco, estatal chilena de mineração de cobre, não é conhecida por respeitar direitos indígenas nem ecossistemas. Este é um momento, muitos acreditam, de imaginar novos paradigmas de propriedade, novas formas de pensar a transição energética e um novo sistema de valores socionaturais.

Na região, a política da extração de lítio é complexa e ainda está em evolução. Mas, ao fim e ao cabo, essas diversas demandas de organizações de base não são tão incompatíveis. No atual governo de direita do Chile, parece não ser possível vislumbrar a nacionalização no horizonte próximo. Por outro lado, certo volume de lítio será necessário para a descarbonização. Nesse contexto, muitas pessoas que militam no Chile, seja em organizações indígenas, seja no movimento sindical, lutam *tanto* para aumentar o controle público sobre a extração *quanto* para impor limitações rígidas à mineração de áreas ambientalmente frágeis. Tudo isso incentivaria a reciclagem do lítio já existente e pressionaria as empresas a desenvolverem formas de mineração menos danosas para o meio ambiente, como, por exemplo, um método que não exija a remoção de salmoura do Salar. Torcemos para o desenvolvimento de técnicas mais verdes na mineração, mas não devemos contar com elas.

O volume exato que será extraído no fim das contas será definido por muitos fatores, sobretudo pelas decisões de investimento das empresas, as regulações de cada país e os protestos locais. Mas a política nacional no Norte Global também tem papel decisivo. Como, exatamente, vamos promover a descarbonização? Um mundo abarrotado de sedãs elétricos de luxo com quase quinhentos quilômetros de autonomia requer muito mais lítio – e mineração – do que um mundo repleto de ônibus elétricos. E as políticas comerciais dos Estados Unidos têm a capacidade de dar suporte às normas trabalhistas e ambientais, ou de solapá-las.

O Green New Deal para além das fronteiras dos Estados Unidos

As mudanças climáticas exprimem uma crise global. Evitar as piores consequências delas exigirá cooperação entre os países para reduzir drasticamente as emissões e transferir tecnologia livre de carbono. Adaptar-se aos seus efeitos exigirá tomada de ação para proteger as populações mais vulneráveis do planeta e acolher migrantes vítimas de deslocamentos forçados pelo aumento do nível do mar e da seca.

É comum, no entanto, enquadrar o Green New Deal como um processo doméstico que acontece dentro das fronteiras dos Estados Unidos. A maior parte do debate sobre transição para energia limpa pressupõe que os materiais de que precisamos para zerar as emissões de carbono já estejam prontos e só esperando para serem utilizados. Mas, como já vimos, a coisa não é tão simples. Como garantir que a transição para uma matriz energética limpa também seja justa para todo o planeta? E como agir nos Estados Unidos pode ajudar a garantir a descarbonização para além das nossas fronteiras?

Nós argumentamos que, para avançar globalmente, é preciso começar com as cadeias materiais que já conectam os países, pelas redes de comércio global, sobretudo as que se relacionam com os minerais necessários para a transição para fontes de energia renovável. É essencial que o consumo de energia em ascensão nos imensos países de renda média, como Índia e China, passe para fontes renováveis o mais rápido possível, e que essas fontes levem eletricidade para bilhões de pessoas de todo o mundo que hoje não têm acesso confiável a ela. Para isso acontecer sem levar à devastação das comunidades onde a mineração acontece, os Estados Unidos devem reduzir sua demanda de energia dentro de casa, definir novas normas ambientais e trabalhistas em sua política comercial e compartilhar suas inovações tecnológicas em vez de acumular patentes sobre elas. Isso também fortalecerá nossa posição nas negociações. De modo geral, se um Green New Deal nos Estados Unidos ajudar a acelerar os investimentos verdes em todo o mundo, tudo que fizermos para priorizar a equidade e a democracia nas cadeias de abastecimento trará benefícios mais amplos.

Um elemento dessa abordagem pode ser o que está delineado nos "Geneva Principles for a Global Green New Deal" ("Princípios de Genebra para um Green New Deal global", sem tradução oficial). De autoria dos economistas Kevin Gallagher e Richard Kozul-Wright, os princípios demonstram que as últimas quatro décadas de hegemonia neoliberal exacerbaram a instabilidade financeira, a desigualdade e as mudanças climáticas. O documento defende um novo consenso global centrado em desenvolvimento equitativo, cooperação multilateral e descarbonização rápida. Os esforços para chamar atenção para os prejuízos ambientais e as violações aos direitos humanos também estão surgindo entre ONGs internacionais.[149] Citando abusos contra os direitos humanos, a Anistia Interna-

[149] Kevin P. Gallagher e Richard Kozul-Wright, "A New Multilateralism for Shared Prosperity: Geneva Principles for a Global Green New Deal", Global Development Policy Center, 10 de abril de 2019, disponível em: bu.edu.

cional convocou fabricantes a produzirem uma "bateria ética" nos próximos cinco anos.[150]

Esses esforços são louváveis. Mas, para uma transição energética que seja democrática e sustentável, precisamos de mais que intervenções de tecnocratas e ONGs profissionalizadas, precisamos costurar relações de solidariedade que atravessem as profundas assimetrias que estruturam nosso planeta. Sindicatos e organizações climáticas de todo o mundo precisam enfrentar as injustiças das cadeias globais de abastecimento para construir uma economia que seja de fato verde.

Há muito em jogo nas transições energéticas do mundo: as transições anteriores para carvão e petróleo aprofundaram o imperialismo e o capitalismo racial. O advento de fábricas que operam com energia elétrica gerada a partir da queima do carvão na Inglaterra expandiu vertiginosamente a capacidade produtiva e intensificou a demanda por matérias-primas, colhidas e extraídas por pessoas escravizadas e submetidas a outras formas de coerção dentro de uma imensa rede de colônias. E na aposta feita no século XX para passar as economias industriais para o petróleo, as empresas apelaram aos Estados e seus militares em uma corrida pelo controle do Oriente Médio e do norte da África.

Essa longa história de dominação também ameaçou visões de uma ordem mundial distinta. Entre a Conferência de Bandung, de 1955, e o lançamento da Nova Ordem Econômica

---

150 "Amnesty Challenges Industry Leaders to Clean Up Their Batteries", Amnesty International, 21 de março de 2019, disponível em: Amnesty.org.

Internacional (Noei) em 1974[151] houve uma breve oportunidade para se criar um mundo mais igualitário. Em todo o Terceiro Mundo, grande parte dele descolonizada recentemente, os governos tentaram escapar da armadilha das economias extrativas com uma combinação de planejamento e coordenação que atravessava a periferia. Eles miraram no que os teóricos da dependência chamaram de "intercâmbio desigual": os países que exportam matérias-primas e importam bens de manufatura com valor agregado estão sempre na ponta que sai perdendo no comércio internacional.

Mas a ambição de solidariedade no Terceiro Mundo foi substituída por uma guerra fiscal competitiva para oferecer os salários mais baixos e, ainda, o mínimo de regulação ao capital que não se limita por fronteiras. A hegemonia neoliberal, consolidada após o fim da Guerra Fria, reforçou a depen-

[151] N. de E.: a Conferência de Bandung, realizada em 1955 na cidade de mesmo nome na Indonésia, reuniu apenas representantes de Estados africanos e asiáticos, quase todos ex-colônias. Ela serviu para a formação do Movimento Não Alinhado partir de 1961, quando passou a contar com países como a Iugoslávia socialista e Cuba, os quais tiveram grande destaque, deslocando o eixo de conflito do mundo não entre Ocidente (capitalismo) e Oriente (socialismo), mas sim entre Norte e Sul, o que era marcado pelas enormes desigualdades entre as duas áreas. No mais, a Noei foi uma tentativa frustrada de, no plano das Nações Unidas e expressando o espírito dos Não Alinhados, construir um sistema econômico global justo, o que esbarrou nos interesses das potências, sobretudo em um momento no qual o capitalismo se reconfigurava sob bases inclusive mais caóticas e injustas.

dência do investimento estrangeiro do Sul Global. Em alguns contextos, isso se manifestou em um setor manufatureiro que paga baixos salários e é voltado para a exportação. Em outros, principalmente na África e na América do Sul, intensificou-se um modelo extrativo de acumulação em torno da exportação de produtos básicos, como petróleo, cobre, açúcar, diamante e madeira, sendo a maior parte do lucro capturada por empresas multinacionais e elites locais.

A extração capitalista ainda devasta ecossistemas e comunidades, provocando despossessão territorial e destruição ambiental. Mas as comunidades diretamente afetadas estão se mobilizando cada vez mais para se opor a isso. A resistência à mineração do lítio na América do Sul prenuncia os próximos conflitos sociais que acontecerão junto às fronteiras extrativas da energia renovável.

Estamos à beira do precipício de mais uma revolução energética e diante de dois caminhos possíveis: um capitalismo alimentado por energia solar com todo um conjunto novo de oportunidades de lucro e pilhagem ou um Green New Deal internacionalista, uma oportunidade histórica de reorganizar as estruturas de poder global e a nossa relação com o mundo natural. Nós argumentamos que esta última opção tem muito mais chance de descarbonizar de fato o planeta.

Solidariedade que atravessa cadeias de abastecimento

Providence, no estado de Rhode Island, nos Estados Unidos, fica bem longe do Deserto do Atacama, no Chile. Mas uma campanha promovida na cidade pelos Socialistas Democráticos dos Estados Unidos desenvolveu uma visão de democracia energética no país que encontra uma compatibilidade impressionante com as demandas da população do Atacama e os esforços incipientes pelo mundo para formular os princípios de cadeias de abastecimento justas e democráticas para os minerais essenciais. Aqui, adotamos os princípios dessa campanha, com pequenas modificações, para explorar as formas como as visões de justiça energética no Sul e no Norte Global podem se conectar.

Como discutimos, as concessionárias de serviços públicos (e muitas das suas correspondentes públicas mal administradas) representam um obstáculo para a implantação de um Green New Deal radical nos Estados Unidos. Elas resistem à descarbonização, não implantaram melhorias em sua infraestrutura para resistir a condições climáticas extremas e seu modelo de lucratividade submete milhões de pessoas à pobreza energética.[152] A solução para esses problemas interconectados é descarbonizar, desmercantilizar, descolonizar e democratizar a rede. Somente quando a energia for governada por decisões inclusivas e coletivas na produção, na distribuição e no consumo, dentro dos limites do planeta, é que ela atenderá verdadeiramente às necessidades humanas.

Esses princípios surgiram no contexto das lutas locais nos Estados Unidos relacionadas às redes de transmissão, mas

---

152 Adam Chandler, "Where the Poor Spend More than 10 Percent of Their Income on Energy", *Atlantic*, 8 de junho de 2016, disponível em: atlantic.com.

dialogam com o sistema energético em sua totalidade. Sem dúvida, será necessário adaptá-los para refletir as campanhas por democracia energética ao redor do mundo. Aqui, apresentamos algumas sugestões.

Já argumentamos a favor da democratização das distribuidoras de energia. A seguir, discutiremos que o controle democrático sobre a energia é um projeto global. Nossa premissa central é de que os gargalos das vastas cadeias de abastecimento da transição para fontes renováveis são lugares com potencial de construção de uma solidariedade que atravesse fronteiras. Podemos nos organizar em torno de um novo regime comercial justo e sustentável, no qual a população trabalhadora em todos os pontos da cadeia de abastecimento de energia renovável tenha voz na decisão de quanto deve ser conservado, quanto deve ser explorado e como a vida de cada comunidade deve melhorar, em todo o mundo. O volume de utilização de determinado recurso não deveria depender apenas do volume físico existente desse recurso. No exemplo mais evidente, não deveríamos utilizar todo o combustível fóssil do mundo só porque ele existe. Mas quando o assunto são outros recursos, devemos, da mesma forma, considerar as decisões feitas por trabalhadores, trabalhadoras e comunidades afetadas em cada gargalo de produção e distribuição. E devemos reconhecer que os recursos necessários para construir um mundo de baixo carbono precisam ser compartilhados entre todos os países. Todo mundo vai descarbonizar com ferramentas parecidas. Precisamos ser flexíveis com relação a quanta infraestrutura de energia limpa vamos construir aqui nos Estados Unidos no fim das contas. Não somos apenas nós que tomamos as decisões.

A forma mais objetiva de reduzir as emissões e a destruição ambiental provocada pela transição energética para fontes renováveis é reduzir a demanda prevista dos recursos do planeta. Felizmente, existem meios mais fáceis: nosso consumo atual é acompanhado de muito desperdício. A indústria de eletrônicos, por exemplo, se baseia na premissa da obsolescência programada, forçando as pessoas a comprarem um aparelho novo todo ano e dificultando o conserto de produtos quebrados. Podemos seguir a Suécia e outros países e reivindicar o direito de consertar nossos objetos, definindo padrões novos para tudo, do *smartphone* à lavadora, para que arrumar seja mais fácil que jogar uma coisa quebrada fora.

Também é possível avançar na reciclagem de materiais (como cobalto e lítio) e na reutilização de baterias de veículos elétricos em uma segunda aplicação, como no trabalho menos intenso de um sistema de armazenamento conectado à rede. A extração deve ser regida por regulações ambientais rigorosas e, em alguns casos, submetida a moratória até que se faça uma avaliação abrangente dos impactos e se melhorem as técnicas de mineração.

De forma mais ampla, em todo o Norte Global, precisamos mudar a forma como consumimos. Como argumentamos, tentar minimizar o impacto ambiental fazendo uma escolha de consumo por vez é uma estratégia sem futuro. As mudanças *coletivas* de consumo que delineamos aqui são essenciais.

A redução da demanda por recursos no Norte Global também vai transformar as relações de poder que estruturam a economia global. É responsabilidade desses países garantir que a transição energética no cerne do Green New Deal não replique os padrões neocoloniais de despossessão e contaminação. Desmantelar mais de quinhentos anos de estruturas coloniais é uma tarefa colossal, mas começar por uma grande transição energética e econômica é um bom caminho. Nos Estados Unidos, podemos lutar para obrigar nosso governo e as corporações transnacionais a respeitarem os direitos trabalhistas nos setores de cobalto, cobre, lítio e outros recursos. Descolonizar a energia renovável também significa respeitar os direitos das populações locais e nacionais de regularem seus recursos, reverenciar os direitos indígenas quando codificados em convenções internacionais e envolver os povos indígenas na propriedade e governança dos projetos de mineração.

Esses princípios podem parecer abstratos. Mas a política comercial dos Estados Unidos é uma das maiores forças que definem a forma e as condições sob as quais as mercadorias viajam pelo mundo. Um Green New Deal precisaria reformular isso.

Atualmente, as regras e os acordos comerciais são escritos por e para o 1% mais rico. Eles protegem a mobilidade do capital e os lucros dos investidores, e enfraquecem o poder das maiorias democráticas de priorizar direitos trabalhistas, integridade de ecossistemas e desenvolvimento econômico equitativo. Reestruturar essa arquitetura global, que está incrustada em tudo – das cláusulas compromissórias dos investidores aos direitos sobre propriedade intelectual – , é dificílimo. Mas não havia nada de inevitável na vitória do projeto neoliberal de proteger os mercados em oposição à democracia. E este momento de agravada turbulência política apresenta uma oportunidade de se reimaginar o mundo livre dos imperativos do fetichismo do mercado. Do outro lado do Atlântico, o regime com o enganoso nome de "livre" comércio já sofre ataques – em especial pela direita revanchista. A esquerda precisa apresentar sua própria perspectiva para o comércio. As cadeias de abastecimento da transição para fontes de energia renovável que estão dispersas pelo mundo são um ponto de partida importante para propor políticas que promovam os interesses dos 99% da população e do planeta, em vez daqueles das corporações e financistas.

Os populistas da direita reacionária da Europa e dos Estados Unidos tiram proveito de uma insatisfação que vem borbulhando há muito tempo contra os projetos de livre comércio dos anos 1990: a União Europeia, o Tratado Norte-Americano de Livre Comércio e, sobretudo, a Organização Mundial do Comércio. Os populistas de direita prometem proteger a classe trabalhadora da competição com os salários baixos pagos no Sul Global e restringir a imigração. Mas o nativismo é uma ferramenta para esconder a luta de classes interna. Trabalhadores e trabalhadoras têm interesses em comum para além dos limites nacionais, e a divisão da classe trabalhadora só enfraquece sua posição de negociação contra o capital que não tem fronteiras. Uma política comercial de esquerda deve promover normas trabalhistas e ambientais para as comunidades trabalhadoras em todos os lugares onde as empresas dos Estados Unidos e seus fornecedores atuam.

A política comercial de um Green New Deal radical pode acabar com a lógica da guerra fiscal do capitalismo global. Pelo contrário, fortaleceríamos as regulações trabalhistas e ambientais, incluindo "mecanismos de irreversibilidade" para melhorar as normas ao longo do tempo. Também inverteríamos a lógica das negociações comerciais: as autoridades de um Estado progressista negociariam cláusulas trabalhistas, ambientais e de direitos humanos *antes* que qualquer outra coisa, em vez de incluí-las como um elemento posterior (ou sequer incluí-las). Antes de se fechar um acordo, seria necessário obter o consentimento embasado, livre e prévio das comunidades indígenas assentadas no local de extração. Um dos maiores desafios de se responsabilizar as corporações dos Estados Unidos pelas práticas adotadas nas cadeias de abastecimento mais amplas é garantir o cumprimento das regras na ausência de um Estado global. O historiador Erik Loomis argumenta que a militância trabalhadora deve utilizar uma lei dos Estados Unidos, a Alien Tort Claims Act ou Alien Tort Statue (Lei de Denúncia de Ato Ilícito por Pessoa Estrangeira ou Estatuto de Denúncia de Ato Ilícito por Pessoa Estrangeira),[153] para levar empresas do país a julgamento por violações de direitos cometidas fora dos Estados Unidos. Ativistas indígenas e ambientalistas também poderiam acionar esse instrumento.[154]

---

153 N. de E.: é uma das leis mais antigas dos Estados Unidos, presente no Código de Leis dos Estados Unidos, uma espécie de consolidação de leis lá existente. Basicamente, ela serve como uma seção da parte que trata da organização judiciária americana, atribuindo, desde 1789, competência aos juízes federais para julgarem ações propostas por estrangeiros em defesa de um direito internacional consuetudinário.

154 Erik Loomis, "A Left Vision for Trade", *Dissent*, inverno de 2017.

Também priorizaríamos os mecanismos de transferência de fundos e tecnologias para os países do Sul Global para ajudá-los a cortar as emissões de carbono e a se adaptar às mudanças climáticas. Os direitos internacionais fortes sobre propriedade intelectual são uma parte fundamental do projeto neoliberal e, portanto, enfrentá-los será parte importante da luta para revertê-los. A influência da indústria farmacêutica na política comercial dos anos 1980, por exemplo, permitiu que grandes corporações sediadas nos Estados Unidos monopolizassem a propriedade sobre medicamentos que salvam vidas, como os antirretrovirais para tratamento de pessoas que vivem com HIV/Aids, tornando-os inacessíveis à maioria no Sul Global. Evitar a repetição disso na tecnologia limpa que salvará vidas e o planeta é essencial, pois, quanto maior o controle do capital sobre ela, mais difícil será descarbonizar o mundo.

No caso das baterias recarregáveis, podemos exigir que as empresas de lítio com sede nos Estados Unidos adotem uma tecnologia que não prejudique as bacias hidrográficas delicadas do Deserto do Atacama e compartilhem tecnologia com as empresas chilenas (sejam públicas ou privadas). As companhias dos Estados Unidos não deveriam fazer uso de patentes para monopolizar tecnologias de manufatura, por exemplo, e depois vender baterias feitas com lítio chileno para a população chilena a preços exorbitantes. Contratos administrativos, subsídios e empréstimos para tecnologia verde também podem ter um papel na definição de normas. Um contrato federal para fornecer lítio para ônibus elétricos, por exemplo, pode incluir a exigência de que os suprimentos atendam a padrões negociados em conjunto com sindicatos e militantes indígenas chilenos.

Os Estados Unidos têm um papel importante a desempenhar, mas não podem agir sozinhos. Essas políticas comerciais e administrativas poderiam fazer parte de acordos em vários países onde, recentemente, partidos políticos assumiram um compromisso com um Green New Deal, incluindo o Partido Trabalhista do Reino Unido, o Partido Socialista da Espanha e o Novo Partido Democrático do Canadá. Um "clube" de países dedicados a alcançar uma legislação ao estilo do Green New Deal – idealmente conectando Estados membros do Norte e do Sul Global – poderia facilitar esse processo. Os membros batalhariam por objetivos políticos coletivos e vinculantes com base nos princípios compartilhados de descarbonização agressiva e política social igualitária, em uma abordagem mais concreta que as tentativas anteriores de cooperação global. A justiça na cadeia de abastecimento seria um excelente primeiro desafio para uma cooperação transnacional desse tipo enfrentar.

Por exemplo, como existe um limite de quantidade de insumo de energia renovável – como lítio, cobalto, cobre etc. – é possível explorar com segurança, refrear a demanda dos Estados Unidos permitiria disponibilizar mais desses recursos a outros países. A eficiência dos Estados Unidos seria ética, e um passo prático fundamental para ajudar na descarbonização de outros países.

Nada disso será fácil. Impor restrições à mineração despertaria uma repercussão virulenta das grandes empresas e de seus aliados nos países com grandes reservas de recursos, muitas vezes com uso de força policial e seguranças privados. Da mesma forma, impor controles democráticos sobre o comércio desencadearia uma resposta das corporações multinacionais, muitas com sede nos Estados Unidos, que se beneficiam de um cenário de regulação mínima. E os governos, por mais progressistas que sejam, não conseguirão reformular a ordem econômica global sem contar com uma forte pressão de eleitores mobilizados. A transformação das cadeias de abastecimento da energia renovável exigirá organização social, alianças transnacionais e capacidade de incomodar.

Onde estão as aberturas para o poder político de base no sistema energético globalmente interconectado? Neste momento, esse sistema é dominado pelos combustíveis fósseis, e o protesto contra essa infraestrutura está conectando cada vez mais a ação local com a global. A política em torno dessa infraestrutura é diferente daquela que envolve a energia renovável, mas mostra que o poder da classe trabalhadora e da comunidade é um complemento, pelo lado da oferta, às intervenções feitas na demanda para reduzir o consumo de energia.

O *boom* de operações de fraturamento hidráulico e a revogação da proibição de exportações de petróleo tornaram os Estados Unidos um grande exportador de combustíveis fósseis. Precisamos manter o petróleo, o carvão e o gás debaixo da terra, o que significa que toda batalha local contra uma fábrica de gás natural liquefeito (GNL), um oleoduto ou um projeto de *fracking* faz parte da luta por um clima mais seguro. Do Noroeste Pacífico à Costa do Golfo dos Estados Unidos, os terminais explosivos de exportação de GNL, que jorram carbono, estão localizados de forma desproporcional em bairros e comunidades de população pobre e não branca. Essas lutas contra a injustiça ambiental também são batalhas contra o setor global de combustíveis fósseis. E elas estão tendo impacto: em uma vitória recente para a coalizão contra o terminal de GNL Jordan Cove no Oregon, o Departamento de Qualidade Energética do estado negou a outorga de direito de uso de recursos hídricos do projeto.[155]

Também há manifestantes que colocaram seus corpos na frente de escavadeiras e cães de guarda para bloquear a instalação de gasodutos e oleodutos. Entre abril de 2016 e fevereiro de 2017, milhares se reuniram na confluência dos rios Missouri e Cannonball na Reserva Indígena Sioux de Standing Rock para impedir a construção do oleoduto Dakota Access, que ameaçava o abastecimento de água da reserva.

Os Guardiões das Águas enfrentaram uma repressão brutal do Estado, que incluiu prisões em massa, disparos de canhões de água e ataques de cães policiais. Mas, apesar da violência, os manifestantes se apoiaram nas centenas de anos de resistência das comunidades Oceti Sakowin para construir, nas palavras de Nick Estes, "uma infraestrutura de resistência e cuidado indígena" entre si e para com a terra.[156] No auge, a mobilização chegou a reunir 15 mil pessoas, incluindo guardiões e guardiãs das águas de quase quatrocentas nações indígenas, além de muitos aliados e aliadas não indígenas. Entre estes estava Ale-

[155] Ted Sickenger, "Oregon DEQ Denies Jordan Cove LNG Water Quality Permit", *Oregonian*, 6 de maio de 2019.

[156] Nick Estes, *Our History Is the Future: Standing Rock versus the Dakota Access Pipeline and the Long Tradition of Indigenous Resistance* (Verso 2019), p. 58.

xandria Ocasio-Cortez, que atribui à experiência a inspiração para entrar na política.[157]

Como apontado, precisaremos de algum volume de minerais da terra para conseguir fazer uma transição energética. Mas quando se trata de ações semelhantes em minas ligadas a fontes de energia renovável, a resistência da classe trabalhadora e da comunidade pode reduzir o ritmo de extração prejudicial ao meio ambiente, ganhando tempo para se desenvolver tecnologia sensível ao meio ambiente e pesquisa sobre reciclagem e reutilização de baterias de lítio. As lições aprendidas com o trabalho dos Guardiões das Águas e as lutas incessantes no Deserto do Atacama serão vitais.[158] Restrições à oferta e à demanda podem operar ao mesmo tempo: quando as comunidades definirem padrões ambientais e trabalhistas mais elevados para a extração, o preço subirá, o que incentivará os países ricos a construir ônibus públicos em vez de carros particulares. E quando a compra de suprimentos e o investimento forem guiados por um Estado democrático, e não pelo capital privado, reduzir os preços a todo custo não será mais o imperativo.

A organização dos setores interligados da mineração de lítio, da bateria e do veículo elétrico também apresenta oportunidades estratégicas de incomodar. A mineração do lítio é um mercado relativamente oligopolista: algumas empresas controlam a maior parte dos projetos. Com essa concentração

---

[157] Nick Bowlin, "Ocasio-Cortez's Unlikely Path to Becoming Green Hero", 5 de dezembro de 2018, disponível em: eenews.com.

[158] Dave Sherwood, "In Chilean Desert, Global Thirst for Lithium Is Fueling a 'Water War'", *Reuters*, 29 de agosto de 2018.

de propriedade, realizar protestos ou greves em qualquer mina implica em um impacto maior. Enquanto isso, os fabricantes de veículos elétricos estão firmando acordos diretos com as empresas de lítio para garantir acesso ao abastecimento, o que significa que a preocupação com o suprimento obrigou as empresas a promoverem uma integração vertical. Embora esses acordos garantam os fluxos de recursos, também criam novos riscos. Se as comunidades e as pessoas que trabalham nas minas onde a VW e a BMW adquirem seu lítio decidirem protestar ou entrar em greve, a ação delas rapidamente avançaria para o chão da fábrica de veículos elétricos. O efeito desse incômodo poderia condensar redes amplas e inverter os vetores comuns de poder. Poderíamos, talvez, obter o apoio de companheiros e companheiras distantes – como aconteceu em 1978, quando a Sucursal 10 do Sindicato Internacional de Trabalhadores de Armazéns e Portos de Oakland se recusou a carregar os navios que transportariam bombas para o regime cruel de Pinochet no Chile – ou de quem está se organizando dentro das fábricas da Tesla hoje.

Esse tipo de organização é a mobilização de base que equivale às políticas comerciais discutidas acima. Imagine se quem trabalha nas fábricas de ônibus elétricos e autoridades de transporte urbano, em solidariedade aos Guardiões das Águas e trabalhadores e trabalhadoras das minas de lítio do Chile e dos Estados Unidos, exigisse transparência e prestação de contas das empresas e ameaçasse realizar greves e ações diretas comunitárias caso as frotas de ônibus não fossem produzidas em cadeias de abastecimento sustentadas com trabalho sindicalizado ou se ameaçassem bacias hidrográficas vulneráveis, seja no Deserto do Atacama ou no Vale da Morte.

Como discutimos, dar atenção às dimensões planetárias das mudanças climáticas exigirá enfrentar as dimensões globais do capitalismo contemporâneo. Isso se faz construindo solidariedade para além das fronteiras, valendo-se dos pontos de estrangulamento da economia global em aliança com forças de esquerda que detêm poder de Estado. Um Green New Deal eficaz deve ser um Green New Deal internacionalista.

Conclusão
Liberdade para viver

Imagine trabalhadores e trabalhadoras em todo o país, com braços e pernas cheios de marcas finas de arranhões vermelhos e picadas de mosquitos, plantando árvores em florestas degradadas, ouvindo o zunido de *drones* semeadores sobre suas cabeças, restaurando áreas úmidas de ecossistemas costeiros delicados, construindo infraestrutura verde às margens de rodovias e rios para ajudar cidades a absorver a água de inundações – e, assim, mantendo o sistema de esgoto limpo. Enquanto trabalham, eles podem avistar lâminas de turbinas girando ao vento e células fotovoltaicas reluzindo ao sol.

Imagine que o deslocamento entre cidades seja rápido, limpo, silencioso e feito sem emissão de gás carbônico. Os trens dos trajetos já conhecidos da Amtrak[159] passam com mais fre-

---

[159] N. de E.: Amtrak, sigla em inglês para American Track (Trilho Americano), é o nome de fantasia da National Railroad Passenger Corporation (Corporação Nacional de Ferrovias para Passageiros), uma *quasi public corporation*, isto é, uma corporação quase pública: trata-se de uma empresa privada controlada e subsidiada pelo governo federal dos Estados Unidos – o que está muito próximo das nossas sociedades de economia mista, como, por exemplo, a Petrobras. A Amtrak foi criada nos anos 1970, durante o governo de Richard Nixon, a partir da junção de vinte empresas

quência, e as viagens custam menos. Ônibus elétricos trafegam em vias especiais, enquanto minivans elétricas públicas transportam a população em cidades e subúrbios. Em todo o país, trabalhadoras e trabalhadores sindicalizados assentam trilhos para receber trens novos e eficientes. É fácil, acessível e confortável ir de Los Angeles a São Francisco para o aniversário de uma irmã, de Dallas a Austin para a abertura de uma exposição, de Milwaukee a Madison para um torneio de basquete.

Imagine multidões diversas passeando em parques em qualquer cidade ou curtindo uma praia de rio ou mar. Estudantes de faculdades gratuitas levam consigo garrafas, cenouras e comestíveis de maconha. Pais e mães conversam com os filhos sobre a aula de artes e os círculos de leitura da pré-escola. Adolescentes e adultos brincam de vôlei na areia e jogam peladas animadas em campos de futebol novos. Veja duas pessoas apaixonadas em Cleveland voltando para casa depois de terem passado uma tarde de sexta-feira colhendo frutinhas no campo, sonolentas pela viagem de volta no ônibus. Elas folgam às sextas porque o emprego garantido de cada uma – um no museu de história natural, o outro no novo centro municipal de compostagem – paga um bom salário por uma jornada de quatro dias por semana. Ao chegar em casa, elas caminham até o pátio luxuriante de um novo e estiloso complexo de habitação popular.

Não se encontra toda forma de luxo comunal livre de emissão de gás carbônico prometida por um Green New Deal radical logo aí na esquina. Mesmo assim, todas as imagens acima

privadas de transporte ferroviário de passageiros que estavam em agonizante declínio desde os anos 1920.

podem se desenrolar até meados da década de 2020. São cenários consistentes com a descarbonização rápida, com proteção contra eventos climáticos extremos e com uma longa guinada do abandono do consumo hiperprivatizado para uma fruição coletiva de tempo, prazeres e serviços públicos. E isso pode se concretizar no curto prazo.

Devemos ter essas imagens de um possível futuro próximo em mente quando enfrentamos os detalhes intrincados da descarbonização. Durante décadas, a política climática girou em torno de planos abstratos que batizavam metas com nomes como "80 até 50" – ou seja, 80% de descarbonização até 2050. Esses *slogans* não significavam nada para quem não estava envolvido no assunto, e os prazos longos acabavam sendo um presente para a procrastinação dos políticos. Até 2050, o problema será de outro.

Em contraposição, acreditamos que lutar por um mundo novo começa com o ato de imaginá-lo visceralmente. As pessoas se mobilizam em torno de projetos concretos que apelem para seus desejos e valores. A luta contra as mudanças climáticas será longa, mas seus projetos precisam dar frutos logo, se quiserem despertar o povo para a luta por transformação e animá-lo a continuar exigindo mais. Em um ciclo virtuoso de mobilização, cada vitória abre novas perspectivas para sonhos maiores e demandas mais audaciosas – e até campanhas que não alcançam todos os objetivos podem, também, contribuir para o aumento da esperança e gerar acúmulo de forças. O corolário estratégico é que, para ter objetivos claros, é preciso ter oponentes claros. Como argumentamos ao longo do livro, "nós" não somos todos igualmente responsáveis pela crise climática – e não estamos "todos juntos nessa". Quanto mais amplas nossas alianças populares e mais execráveis nossos inimigos – executivos da indústria de combustíveis fósseis, políticos covardes, concessionárias de serviços públicos, a classe de proprietários de imóveis –, mais fortes serão nossos movimentos. Não existe meio-termo quando o assunto é o aquecimento do planeta.

É "todo esforço possível", e não "tudo ou nada"

A era do gradualismo climático acabou. Se nossa ação for lenta demais, será apenas questão de alguns anos até uma sequência de crises se transformar em um pesadelo inimaginável. Para evitar esse cenário, precisamos empregar todos os esforços possíveis. Mas isso não significa acreditar que cada luta, disputa política e eleição serão na base do "tudo ou nada". Estamos lutando por energia eólica ou solar, mas será que vamos desistir e voltar para casa se o Departamento do Interior[160] autorizar

[160] N. de E.: o Departamento do Interior é um órgão federal dos Estados Unidos da América responsável pela gestão de terras federais, que incluem terras indígenas e reservas naturais de variados tipos. O órgão não deve ser confundido com os ministérios do interior comuns a países europeus e de tradição europeia, voltados à segurança interna e à imigração. Além da diferença de funções, é preciso salientar que os departamentos são entidades peculiares do direito estadunidense. Eles cumprem, muitas vezes, funções semelhantes às dos nossos ministérios, mas são, na verdade, tipos híbridos entre o que chamamos de ministério e autarquia em virtude de sua enorme autonomia interna, o que os torna insti-

o uso de mais terras federais para a extração de gás por fraturamento hidráulico? Vamos desistir se o próximo governo estadual da Califórnia cair nas mãos de uma pessoa com posições moderadas nas questões climáticas? Se a Suprema Corte derrubar um dispositivo que garantiria a produção nacional de habitação social com emissão zero de carbono? Se atrasarmos uma meta de redução de emissões líquidas a zero em dois anos – ou dez? Claro que não.

Existe uma ideia de que construir uma organização é um processo lento e contínuo. Mas a história mostra que esse processo pode se acelerar rapidamente. Com isso, não estamos falando só do New Deal. Podemos ver o impulso crescendo hoje entre as forças progressistas que serão a espinha dorsal do Green New Deal radical. Como afirma a sindicalista e autora Jane McAlevey,[161] as grandes vitórias das greves recentes encampadas pelos professores de Chicago, da Virgínia Ocidental e de Los Angeles foram resultado de uma mobilização que "transformou organizações apáticas e moribundas em sindicatos capazes de liderar e ganhar batalhas difíceis em que os oponentes eram fortes e as chances, pequenas". McAlevey argumenta

---

tuições menos flexíveis e mutáveis que os ministérios brasileiros. Parte do que o Departamento do Interior faz nos Estados Unidos é de competência de variados órgãos federais do Brasil, como a Secretaria de Patrimônio da União (hoje, órgão do Ministério da Economia), o Instituto Brasileiro do Meio Ambiente e dos Recursos Naturais Renováveis (Ibama), a Fundação Nacional do Índio (Funai) e o Ministério do Meio Ambiente.

161 Jane McAlevey, "Organizing to Win a Green New Deal", *Jacobin*, 26 de março de 2019, disponível em: jacobinmag.com.

de maneira contundente que a reunião de pessoas inteligentes e dedicadas à organização pode garantir esse tipo de transformação em um período de um a dois anos. A sede de mudança existe, só falta a infraestrutura política e a meta concreta.

Em nossa abordagem para a construção de uma estratégia para um Green New Deal, abraçamos a defesa de greves gerais absolutas feita por McAlevey: interromper a normalidade para possibilitar a criação de uma nova ordem. Empregar "todo esforço possível" significa organizar o maior grupo possível de pessoas, prepará-las para a luta e, a partir daí, construir esse poder, vitória a vitória. Não se começa uma greve com uma maioria apertada de trabalhadores e um apoio morno – se for assim, o massacre será certo. Em vez disso, parte-se da construção metódica de força a partir de "testes de estrutura" cada vez mais desafiantes: primeiro, saindo às ruas para colher assinaturas para um abaixo-assinado; depois, realizando manifestações. Quando a hora da greve chegar, o objetivo será convencer cada trabalhador e cada trabalhadora a se comprometer com a mobilização pelo tempo que for necessário. Mesmo paralisações executadas quase à perfeição podem, às vezes, sofrer derrotas. Mas não se desiste da campanha por um hospital em Saint Louis só porque se perdeu uma batalha em Mineápolis. É nesse caso que os esforços precisam ser redobrados em Saint Louis, para que, depois, a organização já vitoriosa volte a Mineápolis para ajudá-los na segunda tentativa. No contexto de uma campanha disciplinada, mesmo derrotas e retrocessos desenvolvem a habilidade de organizadores e organizadoras, constroem relacionamentos, testam estratégias e definem a próxima rodada. Enquanto isso, cada vitória nessas disputas locais fortalece a organização em outros lugares. Da greve de professores e professoras aos protestos pacíficos do movimento Sunrise, existe uma força e uma possibilidade muito maior tomando impulso nas ruas dos Estados Unidos hoje do que se poderia imaginar assistindo à cobertura da MSNBC.

Não podemos nos esquecer disso, porque, mesmo na melhor das hipóteses – de aprovação de um Green New Deal radical em meio a crises financeiras e climáticas –, ainda assim haverá contenção em todos os níveis do governo e em todos os aspectos da economia. Haverá retrocessos. Isso é uma premissa, não uma frase de efeito. Se não provocássemos retaliação das elites, não estaríamos ameaçando seu poderio. Quanto mais sério for o programa climático que apresentarmos, maior oposição ele enfrentará. Na verdade, quanto maior o repúdio, maior será nossa certeza de que estamos no caminho certo.

E aí existe a queixa dos fatalistas: com o agravamento das mudanças climáticas, os derrotistas vão repetir cada vez mais que é tarde demais, coisa demais, difícil demais. Nossa resposta ao pessimismo não é um otimismo cego, mas um compromisso com a ação coletiva apesar da incerteza. Afinal, tudo sempre pode piorar. Então parte da "guerra de posição" da atualidade (para pegar um termo emprestado do teórico social marxista italiano Antonio Gramsci)[162] é uma guerra de trincheiras para segurar cada décimo de grau a mais de aquecimento. Cada risquinho que sobe nos termômetros globais se traduz na perda de dezenas de milhares de vidas e na tarefa

---

[162] N. de E.: Antonio Gramsci (Ales, Itália, 1891 – Roma, Itália, 1937) foi um pensador e revolucionário italiano de corte marxista,

cada vez mais difícil de construir um mundo bom para todos e todas. Quanto menos emissão de carbono, menos vidas perdidas. Quanto mais poder popular for dedicado à conquista de energia limpa, moradia digna e infraestrutura verde, mais habitável será o futuro para um número maior de pessoas.

---

membro fundador do Partido Comunista Italiano, eleito deputado e depois perseguido pelo regime fascista de Benito Mussolini. Morreu ainda jovem, certamente em razão da debilidade de sua saúde causada pelas constantes passagens pelo cárcere em condições, obviamente, precárias e abusivas. Gramsci é responsável por uma enorme contribuição ao marxismo, o que se pode constatar por sua teoria da Hegemonia Cultural, isto é, a maneira como o Estado burguês se estrutura, não apenas sob a força das armas e do poder econômico mais direto, mas sim pela construção de um aparato simbólico e cultural que o legitima perante as massas que ele, ironicamente, oprime – tal noção, é preciso sublinhar, tem inegável influência de Nicolau Maquiavel, seu compatriota longínquo, que, ainda nos séculos XV e XVI, já argumentava sobre a dimensão subjetiva do poder recorrendo aos clássicos. "Guerra de posição" em Gramsci se diferencia da "guerra de manobra", como ele caracteriza as bem-sucedidas estratégias revolucionárias orientais. Estas últimas teriam funcionado, no entanto, pelas características peculiares da relação entre Estado e sociedade civil, e um dado atraso da sociedade civil, na Rússia, o que não se repetia no Ocidente. Este lado do mundo demandaria uma atuação revolucionária em outro sentido, uma disputa de ideias e de subjetividades, diante da maquinaria de Estado mais avançada do Ocidente, que, ainda por cima, se modernizava, como sublinhava o pensador em obras como *Americanismo e fordismo*.

Círculos virtuosos

A transformação política acontece de maneira irregular e multifacetada. Há o trabalho árduo e prolongado da organização cotidiana, espasmos bruscos de aceleração diante de oportunidades, lentos empenhos de governança, derrotas que nos obrigam a voltar para a etapa de elaboração e planejamento e momentos de ruptura em que tudo fica em aberto e em disputa. Mas duas coisas cruciais acontecem mesmo nos períodos mais morosos e dolorosos: salvamos vidas e ganhamos tempo em cada redução de carbono, enquanto nos preparamos para uma brecha de transformação dramática que pode acontecer a qualquer momento, em um desses instantes raros que abrem a possibilidade de uma mudança brusca e estrutural no calor da crise. O movimento de combate às mudanças climáticas só pode vencer as batalhas contra o capital do combustível fóssil e outras elites por sua própria existência com números e organização. A força da luta se constrói ao longo do tempo, greve a greve, eleição a eleição, assembleia a assembleia, confraternização a confraternização.

No que se refere ao Green New Deal, isso significa que cada luta deve conquistar um número maior de pessoas para a próxima, em um ciclo virtuoso que amplia a base política e social e consegue melhorias materiais que preparam o terreno para novas vitórias. Em cada capítulo deste livro, mostramos como isso pode acontecer em diferentes arenas político-econômicas.

Reduzir as emissões de carbono rapidamente significa acabar com sua maior fonte: a indústria dos combustíveis fósseis e seus facilitadores. Não podemos evitar o confronto. Isso significa que precisamos encarar as empresas do setor e as concessionárias de serviços públicos cujos modelos de negócio só se sustentam se tornarem o planeta inabitável. Significa persegui-las em casos específicos em que a culpa delas é inequívoca – como quando a negligência dessas empresas resulta na morte trágica de pessoas em desastres como o episódio Camp Fire[163] – e expor, de forma implacável, a responsabilidade da indústria de combustíveis fósseis pela destruição do planeta. Significa alimentar uma justificada ira populista[164] de esquerda contra a devastação que as corporações e os ricos provocaram em nossas vidas, e mostrar para os executivos de outros setores que eles serão os próximos da lista.

Para conquistar a classe trabalhadora, é preciso promover o rompimento de trabalhadores e trabalhadoras do setor extrativo com seus patrões exploradores. Mas a base de apoio a um Green New Deal precisa ir muito além da classe trabalhadora do setor energético tradicional. Precisamos de uma transição justa que conquiste benefícios imediatos para a grande maioria. Uma garantia de emprego federal e direitos revitalizados

---

[163] N. de E.: ver nota 30.

[164] N. de E.: o "populismo" em questão obedece à terminologia formulada por Ernesto Laclau e Chantal Mouffe, isto é, populismo como estratégia e lógica política, que pode ser tanto de direita quanto de esquerda, não como anomalia, fenômeno que é marcado como articulação de ordem discursiva e prática em certa direção, na qual as massas, vistas sob o rótulo de povo, são mobilizadas e direcionadas por meio de suas identidades na direção de suas demandas. Para mais detalhes, ver, Chantal Mouffe. *Por um populismo de esquerda*. São Paulo: Autonomia Literária, 2020.

em acordo coletivo fortalecerão a posição de trabalhadores e trabalhadoras na luta por melhores salários e condições de trabalho, tornando possível exigir e conquistar ainda mais. Uma concepção mais ampla de emprego verde centrado no trabalho de cuidados livre de emissão de carbono traria aquelas que se dedicam ao trabalho de reprodução social e seus sindicatos (muitos dos quais estiveram na vanguarda do apoio ao Green New Deal) para a luta, proporcionando, ao mesmo tempo, benefícios para a sociedade em geral. E a organização de trabalhadores pode incitar que as comunidades se organizem para além do ambiente ocupacional, conquistando vitórias para a categoria e as pessoas ao redor.

No que se refere à transição energética, promover um ciclo virtuoso significa transformar o ambiente construído para reduzir a demanda por energia de formas que tornem a vida mais fácil, acessível e agradável. Construir habitação social livre de emissão de carbono e expandir a oferta de transporte público pode promover a conexão entre o Green New Deal e as lutas da classe trabalhadora por moradia popular, transporte eficiente e comunidades não segregadas. Projetos paisagísticos de lazer público – desde piscinas públicas até trilhas de ciclismo no campo – podem melhorar a qualidade de vida em cidades, bairros, subúrbios e reservas indígenas, e transformar o sentido de abundância. Isso é a descarbonização como uma visão não de privação, mas de espaço aberto e luxo público – um mundo mais agradável, do qual todos e todas terão tempo de desfrutar, a partir de já.

Um programa de combate às mudanças climáticas que se preze precisa levar o resto do mundo a sério, e uma esquerda que se preze também. Entendemos as cadeias logísticas do Green New Deal como um lugar crucial para costurar a solidariedade internacional e construir novos mecanismos para a cooperação global que esse tipo de ação exige. A transição para fontes de energia renovável não pode acontecer às custas de ecossistemas e comunidades de outras partes do mundo. Vemos no crescimento da comercialização de recursos como o lítio uma oportunidade de rejeitar o modelo neoliberal de globalização e construir outra coisa no lugar. O poder de trabalhadores, trabalhadoras e comunidades fica maior quando suas alianças ultrapassam fronteiras. Assim, imaginamos a realização de campanhas de solidariedade para responsabilizar as corporações nos lugares onde elas exploram recursos minerais e exigir uma política comercial dos Estados Unidos que coloque as normas trabalhistas e ambientais à frente dos lucros das empresas. Isso, por sua vez, ajudaria um Green New Deal implementado nos Estados Unidos a estimular um processo mais rápido de descarbonização em todos os outros países.

Essas não são as únicas batalhas que teremos pela frente. Saúde, educação, transporte, agricultura, comércio, investimento público, justiça reprodutiva, imigração – todos esses aspectos tão familiares serão transformados pelo caos climático. Cada um é campo de disputa nas questões definidoras do século XXI: será que conseguiremos evitar o colapso do aquecimento global descontrolado? E quem terá a prerrogativa de viver – e viver bem – no nosso mundo cada vez mais quente?

Pelo fim do ecoapartheid

Este livro apresenta uma elaboração sobre o mundo mais igualitário e democrático que acreditamos ser possível construir no lugar daquele que tememos se materializar caso não ajamos. Já existem cenários apocalípticos aos montes por aí. Mas, para concluir, vale lembrar o que está em jogo. Estamos fazendo um chamado para a defesa intransigente do mundo que apresentamos aqui, não só porque seria bom viver nele – e seria! –, mas porque a outra opção é muito pior. E quando o clima está em transformação, não há como ficar inerte.

Enfrentar mais quatro anos de governo Trump seria um pesadelo óbvio. Significaria perder um tempo precioso no processo de descarbonização, mas também alimentaria um círculo vicioso: campos de concentração e violência racial, aumento da perfuração de poços de petróleo e do poder da indústria de combustíveis fósseis, o desmantelamento ainda maior dos direitos trabalhistas e o enfraquecimento dos sindicatos. Os caminhos para uma terra infernal são diversos, mas há um outro que leva diretamente ao centro da arena política.

Está claro que o sistema político está em colapso, nos Estados Unidos e em outras partes do mundo. Manter o apego a ele faz com que reacionários como Trump consigam ganhar mais terreno em todo o planeta e tornar a catástrofe climática uma realidade cada vez mais próxima. A questão fundamental é: com o achatamento do centro e o prazo cada vez mais curto para a descarbonização, uma ação climática tímida e marginal não conseguirá satisfazer praticamente ninguém. Se os democratas de centro afastarem a esquerda insurgente e, em contrapartida, virem os republicanos centristas como aliados mais confiáveis, isso só vai tirar o planeta da frigideira e jogá-lo direto no fogo. Fazer frente a uma direita em ascensão a partir de uma esquerda revitalizada e resoluta já será uma tarefa bastante difícil. Enfrentar essa direita a partir de um centro piegas será impossível.

Demonstramos ao longo do livro que esforços bipartidários para combater as mudanças climáticas fracassaram no passado. Já hoje, apostar no bipartidarismo significa contemporizar com uma direita decididamente xenofóbica. Imagine se republicanos e democratas defensores do *establishment* fechassem um acordo para construir infraestrutura, garantindo grandes investimentos em painéis de energia solar em troca da construção de um muro na fronteira e a imposição de restrições pesadas contra migrantes que buscam refúgio por causa das mudanças climáticas, do colapso do setor agrícola e de guerras sujas na América Central – e não precisa nem dizer que tudo isso é alimentado por políticas dos Estados Unidos. Todo ano mais pessoas morreriam pelo calor cada vez mais intenso do deserto ou definhariam nos centros de detenção do ICE (Serviço de Imigração e Controle Aduaneiro dos Estados Unidos). Do outro lado do Atlântico, enquanto ondas de calor varrem a Europa, o partido Frente Nacional de Marine Le Pen, na França, poderia unir forças com a Liga Norte da Itália e o Partido Social-Democrata cada vez mais xenofóbico da Dinamarca para entrincheirar Estados de bem-estar social europeus decadentes atrás de um muro reforçado de violência da Frontex (agência europeia de gestão de fronteiras externas), que já mata, hoje, milhares de refugiados do clima que tentam atravessar o Mediterrâneo para fugir das secas cada vez mais severas enfrentadas no continente africano.

Esse é o pesadelo do *ecoapartheid* que queremos evitar com todas as forças – e a proximidade cada vez maior dele é assustadora. Sabemos que os proponentes de ações mais moderadas de combate às mudanças climáticas também não querem que isso aconteça. A maioria dos progressistas preocupados com o clima repudia o nacionalismo de direita, mas não acreditamos que as medidas oferecidas pelos moderados tenham condições de evitar o agravamento do problema. Na verdade, os democratas não precisam nem fechar acordos com a direita para deixar esse futuro mais próximo: ao oferecer mais do mesmo a um país desesperado por mudança, eles já abrem caminho para a direita racista continuar consolidando o próprio poder. Já explicamos por que acreditamos que estímulos como incentivos fiscais são inadequados em termos de políticas públicas. Mas, mesmo que não fossem, não enxergamos a possibilidade de vitória eleitoral de nenhuma campanha baseada na promessa de uma transição energética voltada para o mercado em uma disputa contra uma direita que tira proveito de uma frustração e uma raiva que vêm borbulhando há muito tempo, enquanto dezenas de milhares de eleitores e eleitoras desmoralizados sequer saem de casa para votar. Um imposto sobre a emissão de carbono pode ter a eficiência que for, mas isso não importará nada sem apoio popular. A mudança de Barack Obama para Donald Trump nos Estados Unidos sinaliza o que podemos esperar se continuarmos nesse caminho.

As elites veem a ascensão do populismo de extrema direita como a confirmação de que as massas irracionais e mal-informadas são incapazes de tratar da questão das mudanças climáticas e, talvez, incapazes mesmo de governar a si próprias. Mas não vamos colocar a culpa pela bagunça que o capitalismo fez na democracia. Nós entendemos o povo não como obstáculo para a ação de combate às mudanças climáticas, mas como o motor de uma transição justa. Como argumentamos aqui, um populismo de esquerda que mobilize uma classe trabalhadora racialmente diversa de fato representa uma etapa essencial na jornada pela criação de uma sociedade mais justa e igualitária, que possa enfrentar as mudanças climáticas e evitar seus efeitos mais catastróficos. Esse tipo de atitude política define uma separação clara entre as massas excluídas e exploradas, que provavelmente sofrerão mais, e os ricos e poderosos que se beneficiam do *status quo*. Uma agenda populista de esquerda terá de encarar retrocessos, mas também apresenta uma vantagem gigantesca: as pessoas com quem e para quem continuar lutando na longa jornada. Para o bem ou para o mal, nossa escolha, agora, é entre o ecossocialismo e o *ecoapartheid*. Em vez da terceira via ambientalista dos anos 1980 – nem pela esquerda, nem pela direita, mas adiante; vermelho não, mas verde –, precisamos fazer uma pergunta simples: de que lado você está?

Rumo à liberdade

Para a direita, o Green New Deal representa a tomada de poder do ecototalitarismo. Como afirmou o ex-assessor do presidente Donald Trump Sebastian Gorka à Conferência de Ação Política Conservadora: "Querem tomar sua picape, querem reconstruir sua casa, querem tirar seu hambúrguer de você. Esse era o sonho que Stalin tinha, mas nunca conseguiu concretizar."[165] Enquanto isso, o Departamento de Energia do governo Trump tentou dar nova roupagem ao gás natural e batizá-lo de "gás da liberdade".[166]

Como nos lembra a historiadora Kim Phillips-Fein, a criação do pânico contra a iminência do totalitarismo é um truque antigo: "Vimos basicamente o mesmo furor com relação a uma liberdade em perigo e uma tirania que pairava na aposta orquestrada de alguns líderes empresariais para estigmatizar e deslegitimar o New Deal original".[167] Propostas demais, rápido demais, cedo demais: líderes empresariais se passaram por aliados no debate sobre o New Deal para desarmar a ameaça de intervenção pública. E quando a classe trabalhadora organizada começou a promover greves massivas para, de fato, conquistar vitórias no New Deal, os liberais se agitaram, alegando que ela estava indo longe demais.

Se a direita usou a linguagem da liberdade em esforços frustrados para evitar que a era do New Deal nascesse, ela também empregou essa estratégia com sucesso para acelerar a morte do

---

165 Antonia Noori Farzan, "The Latest Right-wing Attack on Democrats: 'They Want to Take Away your Hamburgers'". *Washington Post*, 1º de março de 2019.

166 John Bowden, "Trump Energy Officials Label Natural Gas 'Freedom Gas'". *The Hill*, 29 de maio de 2019, disponível em: thehill.com.

167 Kim Phillips-Fein, "Fear and Loathing of the Green New Deal". *New Republic*, 29 de maio de 2019.

programa. Em seu livro *Free to Choose* [no Brasil, *Livre para escolher: um depoimento pessoal*], de 1979[168], Milton Friedman observou que, embora

> o liberalismo do New Deal tenha atingido seu ponto mais alto, ainda não há evidência clara de que a onda que o sucederá trará mais liberdade e um governo limitado... Ou um governo monolítico e onipotente no espírito de Marx e Mao.[169]

Friedman, assim como Franklin D. Roosevelt (FDR), defendia a elaboração de uma declaração de direitos que se debruçasse sobre a questão econômica. Mas enquanto o então presidente americano assumia um compromisso público com o bem-estar econômico universal para o bem da população em geral, Friedman sugeria que o poder do governo de cobrar tributos e gastar dinheiro fosse limitado em nome da liberdade individual.

A visão libertária[170] de liberdade como o direito do indivíduo de fazer o que quiser – desde que pague por isso – é a

---

168 Milton Friedman e Rose Friedman, *Free to Choose: A Personal Statement* (Harcourt 1980), p. 284

169 N. de T.: em livre tradução para esta edição.

170 N. de E.: os autores se referem à visão dos libertários [*libertarians*], que nada têm a ver com os anarquistas ou qualquer segmento da esquerda, como era originalmente empregado, mas com a acepção contemporânea do termo nos Estados Unidos: defensores radicais da propriedade privada, do livre-mercadismo e do antiestatalismo. O uso desse adjetivo talvez se explique pelo fato do movimento liberal americano ser vinculado à esquerda. Ainda que hoje alguns grupos se identifiquem com esse ideário e nomenclatura no Brasil,

receita do desastre no século XXI, quando ficou mais claro do que nunca que nossos destinos estão todos conectados. Estamos vivendo hoje na terra queimada pelas ditas liberdades de Friedman. Por outro lado, a visão de liberdade da esquerda sempre teve um sentido diferente da liberdade de investir do capitalista ou da liberdade de comprar do consumidor. E nós acreditamos que uma proposta grande e ousada de Green New Deal pode nos ajudar a alcançar a liberdade de fato.

Formalmente, buscamos referência na declaração de princípios da era do New Deal – nas Quatro Liberdades de Roosevelt[171] anunciadas em 1941, momento em que a evolução do programa fracassava e a guerra assombrava a Europa. Mas nossa visão de liberdade está mais alinhada com os princípios do Freedom Budget for All Americans,[172] uma variação da declaração de direitos econômicos de FDR desenvolvida na luta pela liberdade da população negra dos Estados Unidos nos anos 1960, desafiando a ordem racista do país duas décadas

---

normalmente nos referimos a movimentos e ideários semelhantes como neoliberais radicais ou simplesmente liberais.

171 N. de E.: Liberdades de Expressão, Religiosa, de Viver sem Penúria e de Viver sem Medo. Presentes no famoso discurso de Estado de União realizado por Roosevelt em 1941, meses antes da entrada dos Estados Unidos na Segunda Guerra Mundial.

172 N. de E.: Liberdade de Orçamento para todos os americanos, isto é, uma sutil ironia de que a liberdade de que *todos* os americanos realmente precisavam era a garantia de que o Estado lhes incluísse, concreta e universalmente, nas suas contas.

após o início da era do New Deal.[173] A questão racial impôs um dos grandes fracassos ao New Deal: no norte dos Estados Unidos, liberais que apoiavam Roosevelt deixaram a "jaula sulista" de democratas supremacistas brancos impor exclusões raciais aos programas supostamente universalistas do projeto, o que levou ao endurecimento das leis de Jim Crow[174].[175]

Mas negociar com o diabo é garantia de que ele sairá ganhando. Como observou o grande sociólogo W.E.B Du Bois,[176]

---

[173] A. Philip Randolph and Bayard Rustin, "A 'Freedom Budget' for All Americans: A Summary," A. Philip Randolph Institute, janeiro de 1967, disponível em:prrac.org/pdf/FreedomBudget.pdf.

[174] N. de E.: Leis de Jim Crow era o nome dado a legislações genéricas adotadas por todo o sul dos Estados Unidos com o objetivo de manter a população negra, ali já liberta da escravidão, segregada. Jim Crow era um personagem francamente depreciativo aos negros, cuja origem remonta a uma canção racista dos anos 1830, interpretada por Thomas D. Rice, que em suas performances fazia *black face*. A partir de então, Jim Crow passou a ser uma forma ofensiva de se referir aos negros americanos, sendo usada, não à toa, para classificar leis desse escopo, aprovadas, ironicamente, pelo Partido Democrata do sul dos Estados Unidos desde a época pós-Guerra Civil. No fim do século XIX, o Partido Democrata estava à direita do Republicano e durante muito tempo se conservou assim no sul do país, mesmo com a inversão de posições verificada nos anos 1930.

[175] Ira Katznelson, Fear Itself: The New Deal and the Origins of Our Time (Liveright, 2013).

[176] W.E.B Du Bois, Black Reconstruction in America (Harcourt Brace, 1935).

ao trair as pessoas não brancas, os progressistas brancos infligem uma ferida mortal a toda a classe trabalhadora e, no limite, a seus próprios projetos. Contra as conciliações racistas do centrismo, Du Bois elaborou um programa breve e radical de Reconstrução Negra para contrapor a "democracia da abolição": uma visão econômica política baseada na ideia de tirar de poucos para empoderar muitos, construindo a partir de radicalismos negros em vez de traí-los. O autor argumentava que o verdadeiro empoderamento viria quando trabalhadores e trabalhadoras, a começar pelos negros e negras americanos emancipados, tivessem, todos, igual poder sobre a economia.

O Freedom Budget for All Americans seguia a tradição da democracia da abolição. Defendia o pleno emprego e a garantia de renda adequada, moradia digna e acesso a atendimento médico, melhorias no transporte e o fim da poluição do ar e da água. Como explicou o lendário organizador Bayard Rustin, o movimento pelos direitos civis nos Estados Unidos foi "uma luta pela liberdade total... Por todos os direitos econômicos, políticos e sociais negados na atualidade".[177] Hoje, militantes e intelectuais como Ruth Wilson Gilmore[178] seguem levantando essa bandeira, argumentando que a democracia da abolição exige uma organização de base rigorosa para substituir o complexo industrial carcerário por uma forma de desenvolvi-

---

177 Bayard Rustin, "The Meaning of Birmingham". Liberation, junho de 1963, disponível em: crmvet.org.

178 "Making Abolition Geography in California's Central Valley: An Interview with Ruth Wilson Gilmore", Revista *Funambulist*, janeiro-fevereiro de 2019.

mento econômico que proteja ecossistemas, elimine o racismo e empodere trabalhadores e trabalhadoras. Um Green New Deal não trará apenas mais liberdade às pessoas ao diminuir a desigualdade. Ele também permitirá que elas construam suas próprias vidas dentro do nosso mundo comum. Para esse fim, propomos a defesa de cinco liberdades que podem nos guiar pelas incertezas do futuro.

Liberdade de viver sem medo

Roosevelt defendia a liberdade de viver sem medo do conflito militar. Ainda estamos batalhando pelo desarmamento, e poderíamos começar pelo Exército dos Estados Unidos, maior consumidor de petróleo do mundo e grande propagador de medo para todo o planeta. Mas é preciso transformar nosso ambiente construído para termos liberdade de viver sem medo das mudanças físicas que o aquecimento global fatalmente provocará: incêndios e furacões, temperaturas extremas, aumento do nível do mar e surtos de tempestades. E para vivermos sem medo de que esses perigos aumentem exponencialmente. Isso também significa combater os desastres sociais que podem ser exacerbados em um planeta volátil. Precisamos de liberdade para viver sem escassez de alimento e água, sem sofrer violência racista, colonialista e sexual, e sem fronteiras militarizadas. Liberdade de viver sem medo significa ter emprego garantido e moradia, para sobrevivermos a todas as tempestades, todas as mudanças forçadas e todos os processos de reorganização da indústria.

Liberdade de viver sem esforço inútil

Não é possível fugir completamente do trabalho – e há muito que precisa ser feito, de imediato e no longo prazo. Mas o trabalho não precisa controlar nossas vidas. O grande socialista inglês do século XIX William Morris fez uma distinção entre o trabalho útil e o esforço inútil: precisamos do primeiro, mas devemos agir para nos livrarmos do segundo. É possível fugir do impacto massacrante das longas jornadas e dos baixos salários dedicados apenas a produzir algo que vai pertencer a outra pessoa. Na atualidade, muitos trabalhos são piores que inúteis: são prejudiciais às pessoas que o executam e ao mundo em que vivemos. Mas mesmo o trabalho inútil deve ser distribuído de forma mais ampla para que cada um de nós tenha que se dedicar menos a ele, e mais tempo a apreciar seus frutos.

Liberdade de viver sem dominação

Devemos continuar nossa busca por liberdade, não só para vivermos sem precisar realizar esforço inútil, mas também para nos livrarmos do despotismo do patrão. Para vivermos livres de uma ordem racial perversa e do poder íntimo do patriarcado. A dominação também dá nome ao nosso desamparo diante do capitalismo global. Os liberais afirmam que o mercado nos dá liberdade de escolha. Mas, sob o capitalismo, o mercado é o mestre que determina o que podemos fazer e quem podemos ser. A cada segundo de cada dia, a compulsão do mercado carimba sua vontade em todos os aspectos de nossas vidas. Há muito tempo, a esquerda busca impor um fim ao poder arbitrário de poucos sobre muitos e muitas. Hoje, o poder escandaloso de poucos ameaça levar bilhões de pessoas à ruína. Precisamos da certeza de que é possível mudar nosso próprio destino, para que seja mais fácil imaginar o fim do capitalismo do que vislumbrar o fim do mundo. Precisamos correr atrás de velhos sonhos de liberdade para construir um futuro melhor. Mas também precisamos nos desvencilhar de sonhos antigos que buscavam conquistar a liberdade a partir da dominação imprudente da natureza para servir propósitos humanos. Esses sonhos viraram pesadelos. Precisamos conviver no mundo com outras pessoas e outras espécies. Com inovação, igualdade e sabedoria, todos e todas nós conseguiremos alcançar a liberdade dentro dos limites do planeta.

Liberdade de deslocamento

Vivemos em um planeta maravilhoso que pertence a todos e todas nós, e devemos ter liberdade de nos movimentarmos por ele. A liberdade de deslocamento tem importância particular para quem vê a própria casa se tornar inabitável pelo aumento das temperaturas e do nível do mar. Para enfrentar as inevitáveis remoções forçadas pelas mudanças climáticas, precisamos de solidariedade, sem cercas nem muros. Liberdade de deslocamento significa ter liberdade para empacotar nossas coisas e ir morar em outra cidade, região ou país, mas também a liberdade de permanecer diante das implacáveis tentativas de remoção forçada do capital, e de permanecermos territorializados nas comunidades e lugares que são importantes para nós, e não nos vermos obrigados a migrar para sobreviver. Seja permanecendo onde estamos ou nos deslocando, devemos ter liberdade de viajar para desfrutar das maravilhas vibrantes do mundo. Talvez não com a rapidez da atualidade – não dá para todo mundo pegar um avião para qualquer lugar num piscar de olhos. Mas é o gasto inconsequente dos ricos que precisa acabar, não o prazer eventual das pessoas comuns de descobrir um mundo novo. Também precisamos nos deslocar em nossas vidas cotidianas e, para isso, precisamos de um transporte público, gratuito e que não emita gás carbônico, para podermos ir e vir no dia a dia sem intensificar a crise.

Liberdade para viver

No nosso planeta Terra há o suficiente para que habitantes de todo o mundo tenham o necessário para viver bem. Reutilizar, reciclar e – o mais importante – redistribuir nossa abundância são ações que devem abrir novas perspectivas. A liberdade de viver bem inclui estar livre de necessidade: ter acesso abundante a bens básicos, como alimento, bebida, abrigo, saúde, tratamento odontológico, educação, música, arte e espaços verdes. Mas também inclui ter direito à vontade: liberdade de aproveitar a vida, de ter criatividade, de produzir e ter prazer nos luxos comuns, de absorver os bens públicos que criamos para o prazer de todas as pessoas, de amar quem amamos e de encontrar novas pessoas para amar também. Liberdade de viver uma vida boa significa desfrutar das maravilhas do conhecimento, do lazer e da aventura.

Os inimigos do combate às mudanças climáticas alertam para um totalitarismo nebuloso, mesmo que a indústria do combustível fóssil cometa crimes contra a humanidade para manter o privilégio de poucos. O objetivo de um Green New Deal radical é construir o oposto: uma democracia vibrante para todos e todas que sobreviva ao sol e à tormenta.

Agradecimentos

Este livro foi escrito como um esforço coletivo, sob a pressão das políticas climáticas que se transformam rapidamente e dos sinais acelerados da emergência climática. Apoiamo-nos em uma base de conhecimentos e compromissos enriquecidos com novas investigações, descobertas inesperadas e possibilidades ainda nascentes. Essa orientação – experimental, colaborativa, com um ouvido sempre ao chão em constante movimento – é inspirada na promessa radical de um Green New Deal.

No caminho, recebemos ajuda – e questionamentos, desafios e elucidações – de uma imensa comunidade de colegas, companheiros e companheiras. Não há meios para agradecer a generosidade de David Backer, Margaret Badding, Ramón Balcázar, Johanna Bozuwa, Neil Brenner, Gareth Dale, Daniel Denvir, Ethan Earle, Mark Engler, Billy Fleming, Liz Greenspan, Andy Horowitz, Sarah Jaffe, Jesse Jenkins, Sarah Knuth, Thomas Kruse, Mathew Lawrence, Lida Maxwell, Dustin Mulvaney, Jedediah Purdy, Nicholas Pevzner, Nikil Saval, Quinn Slobodian, David Stein, Leah Stokes, Astra Taylor, Simon Torracinta e Gabriel Winant. É uma alegria contar com o prefácio de Naomi Klein, que tanto já contribuiu para o avanço da esquerda em luta contra as mudanças climáticas. Nosso profundo agradecimento por ela ter dedicado tempo a isso enquanto terminava de escrever seu próprio livro sobre o Green New Deal. Também aprendemos muito com todos e todas que contribuíram com nossa série sobre o Green New Deal na *Jacobin,* que só foi possível graças ao apoio editorial de Shawn Gude e Micah Uetricht. As seções deste livro contêm textos e ideias revisadas de alguns dos artigos que escrevemos nessa série.

Também agradecemos ao apoio institucional que facilitou nossa pesquisa e produção em 2019. Kate agradece ao Type Media Center; Alyssa agradece à Universidade de Yale e ao Instituto de Pesquisa Social do Brooklyn; Daniel agradece à Universidade da Pensilvânia e ao Instituto de Estudos Avançados de Princeton, em Nova Jérsei; e Thea agradece à Faculdade de Providence e a El Núcleo Milenio en Energía y Sociedad (NUMIES), do Chile.

Por fim, nossa tremenda gratidão a Asher Dupuy-Spencer, Bhaskar Sunkara e toda a equipe da Verso por acreditar neste projeto e pela orientação cuidadosa durante todo o processo.

Outros títulos da coleção

Quatro futuros: a vida após o capitalismo de Peter Frase

Em uma exploração emocionante e divertida das utopias e distopias que poderiam se desenvolver a partir da sociedade atual, Peter Frase argumenta que o aumento da automação robótica e uma crescente escassez de recursos, graças às mudanças climáticas, transformarão profundamente o mundo como conhecemos. Neste livro, Frase segue os preceitos daquilo que Max Weber chamava de "tipos ideais" para tentar imaginar como esse mundo pós-capitalista pode parecer, empregando as ferramentas da sociologia e da ficção especulativa para explorar o que o comunismo, o rentismo, o socialismo e o exterminismo podem realmente acarretar.

O ponto de partida de toda a análise é a certeza de que o capitalismo vai acabar, e que, como disse Rosa Luxemburgo diante da I Guerra Mundial, ou a sociedade "entra em transição para o socialismo, ou regride para a barbárie". Misturando ficção científica, teoria social e as novas tecnologias que já estão moldando nossas vidas, Quatro Futuros é um balanço dos socialismos que podemos alcançar se uma esquerda ressurgente for bem-sucedida frente à barbaridade que encontraremos se esses movimentos falharem.

Construindo a comuna: democracia radical na Venezuela
de George Ciccariello-Maher

Desde 2011, uma onda de levantes populares têm varrido o planeta, ganhando forma em movimentos como Occupy Wall Street nos Estados Unidos, a Primavera Árabe na África e Oriente Médio, o 15M na Espanha e os protestos anti-austeridade na França e Grécia. As demandas eram variadas e antes de serem esmagadas, neutralizadas ou capturadas pela direita anti-revolucionária, demandavam um comprometimento firme com as ideias da democracia radical.

Em um país a direita não conseguiu retomar ao poder em conluio com as forças imperialistas: na Venezuela. Exatamente onde, há trinta anos, surgiram movimentos semelhantes ao que sacudiram o mundo após a crise de 2008. No mesmo período em que a esquerda europeia entrava em declínio, moradores das favelas se levantaram em uma rebelião popular contra as crises do neoliberalismo – o Caracazo – fazendo surgir um governo que institucionalizou as comunas que já ganhavam forma organicamente. O livro Construindo a Comuna, de George Ciccariello-Maher, viaja por estes experimentos radicais, conversando com uma ampla gama de ativistas comunitários, trabalhadores, estudantes e funcionários públicos. Avaliando os erros e acertos do projeto, o livro traz ensinamentos e inspirações para os movimentos radicais dos dias de hoje.

Este livro foi composto em Adobe Garamond Pro
& Futura